INVENTAIRE
V36,058

I0035807

DÉCOMPTEUR,

PRÉSENTANT

PAR AN, PAR MOIS ET PAR JOUR

les Soldes et Suppléments,

ET AUTRES ALLOCATIONS

DE TOUS LES OFFICIERS MILITAIRES ET CIVILS

depuis l'Élève de 2me classe jusqu'à l'Amiral,

ET DES ÉQUIPAGES,

DEPUIS LE MOUSSE JUSQU'AU MAITRE.

SUIVI DE 15 TABLEAUX,

Contenant les Ordonnances sur la Solde à terre et à la mer, les augmentations des suppléments de Solde accordés aux officiers mariniers, les Retenues à exercer, les Délégations, les Allocations diverses, les Indemnités, terminé par le Tarif des pensions de retraite de l'armée de mer.

Par un Commis de marine de 1re classe

PRIX : 5 fr.

TOULON. — BELLUE, libraire-éditeur.
PARIS. — MATHIAS ET ROBIQUET, au dépôt des cartes.
BREST. — LEFOURNIER, libraire.
CHERBOURG. — BAUDRY, libraire.
ROCHEFORT. — RIGORET, libraire.
LORIENT. — LEROUX COSSARD, libraire.

1844.

Le Décompteur.

Le dépôt ayant été fait conformément à la loi, je poursuivrai tout exemplaire contrefait et non revêtu de ma signature.

Signature de l'Éditeur.

TOULON.

Imprimerie de A. BAUME fils aîné, rue Royale, 50.

DÉCOMPTEUR,

PRÉSENTANT

PAR AN, PAR MOIS ET PAR JOUR

les Soldes et Suppléments,

ET AUTRES ALLOCATIONS

DE TOUS LES OFFICIERS MILITAIRES ET CIVILS,

depuis l'Élève de 2me classe jusqu'à l'Amiral.

ET DES ÉQUIPAGES,

DEPUIS LE MOUSSE JUSQU'AU MAITRE.

SUIVI DE 15 TABLEAUX,

Contenant les Ordonnances sur la Solde à terre et à la mer, les accessoires des Suppléments de Solde accordés aux officiers-mariniers, les Retenues à exercer, les Délégations, les Allocations diverses, les Indemnités, terminé par le Tarif des pensions de retraites de l'armée de mer.

Par un Commis de marine de 1re classe.

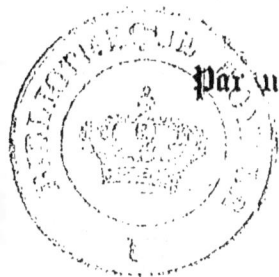

❖

TOULON. — BELLUE, libraire-éditeur.
PARIS. — MATHIAS ET ROBIQUET, au dépôt des cartes.
BREST. — LEFOURNIER, libraire.
CHERBOURG. — BAUDRY, libraire.
ROCHEFORT. — RIDORET, libraire.
LORIENT. — LEROUX COSSARD, libraire.

1844.

TABLE DES MATIÈRES.

DÉTAIL DU CONTENU DES TABLEAUX.

A MM. les Commis d'Administration.

Bien des ouvrages de ce genre ont paru : les uns embrassent tous les calculs possibles et deviennent, par cela même qu'ils sont trop compliqués, d'une application moins facile ; les autres, peut-être trop succincts, laissent souvent dans l'embarras. Nous avons cherché à vaincre la première difficulté, en débarrassant nos calculs de tout ce qui n'est point essentiellement nécessaire, et nous espérons les avoir assez étendus pour ne rien laisser à désirer.

La 1re partie comprend les allocations journalières des équipages, depuis le mousse jusqu'au maître inclusivement ;

La 2me, les soldes et les supplémens des officiers militaires et civils, depuis l'élève de 2me classe jusqu'à l'amiral.

Des tableaux indiquant la solde et les supplémens de toute espèce servent de complément au *Décompteur*.

Il manquait, aux Commis d'administration surtout, un travail tout-à-fait spécial aux nombreuses opérations qui se succèdent dans le courant d'un exercice et à celles qui mettent le sceau à la gestion annuelle.

Toujours excessivement long et conséquemment très ennuyeux, le décomptage d'un rôle d'équipage présente bien des difficultés ; on ne saurait apporter trop de soins dans cette opération. Avant tout on doit ne pas commettre d'erreurs dans des additions et des multiplications répétées indéfiniment et l'on comprendra sans peine qu'il est moralement impossible de ne pas se perdre dans ce dédale de chiffres.

Le travail que nous avons l'honneur de leur soumettre, simplifiant à l'infini toutes leurs opérations, était donc devenu indispensable. Il a fallu une patience rare, pour l'amener à bonne fin, et tout le dévouement de ce laborieux Commis de marine dont la modestie égale le mérite, pour le rendre aussi complet.

Aussi si nous éprouvons un bien sincère sentiment de reconnaissance pour lui, nous sommes vivement peiné de n'oser inscrire son nom en tête de ce calculateur. Qu'il sache du moins qu'il a rendu, au Commissariat surtout, un service signalé, qu'il goûte la douce satisfaction d'avoir tiré d'embarras grand nombre de ses camarades, qu'il soit heureux enfin de voir que la tâche qu'il est parvenu à remplir d'une manière si satisfaisante, profite à tant de personnes.

Nous croyons devoir donner quelques exemples, afin de faciliter l'usage de la première partie, quant aux tableaux de la 2me, ils sont d'une clarté telle que leur emploi n'a pas besoin d'explication.

1er Exemple. — On désire savoir combien a gagné un mousse depuis le 2 janvier jusqu'au 3 mars inclus. — Soit 61 jours de présence à 40 centimes.

On cherche dans la 61e colonne la somme qui correspond à 40 centimes et l'on trouve 24 francs 40 centimes crédit demandé.

2me Exemple. — On désire savoir combien a gagné un matelot de 1re classe depuis le 9 février jusqu'au 1er octobre exclus, ayant rempli pendant ce temps les fonctions de gabier. — Soit 234 jours à 1 franc 20 centimes et 234 fr. à 0, 25 centimes.

On cherche dans la 234e colonne la somme qui correspond à 1 franc 20 centimes, on trouve 280 francs 80 centimes.

Opérant de la même manière pour le supplément, — on obtient pour résultat 58 francs 50 centimes, qui joints à 280 francs 80 centimes — donnent 339 francs 30 centimes, crédit demandé.

3me Exemple. — On désire savoir combien a acquis un officier non commandant pour traitement simplede table depuis le 2 mai jusqu'au 31 décembre inclus. — Soit 244 jours à 2 francs 25 cent.

Suivant la même marche, on cherche dans la 244e colonne la somme correspondant à 2 francs 25 centimes, et l'on obtient pour résultat 549 francs, crédit demandé.

Nous ne pousserons pas plus loin les exemples ; ceux que nous venons de donner peuvent servir d'application à tous les calculs possibles.

Nombre de jours.

1	2	3	4	5	6	7	8	9	10	11	12
SOLDE PAR JOUR. FRANCS. CENTIMES.	FRANCS. CENTIMES.	FRANCS. CENTIMES.	FRANCS. CENTIMES.	FRANCS. CENTIMES.	FRANCS. CENTIMES.	FRANCS. CENTIMES.	FRANCS. CENTIMES.	FRANCS. CENTIMES.	FRANCS. CENTIMES.	FRANCS. CENTIMES.	FRANCS. CENTIMES.
0.07	0.14	0.21	0.28	0.35	0.42	0.49	0.56	0.63	0.70	0.77	0.84
0.15	0.30	0.45	0.60	0.75	0.90	1.05	1.20	1.35	1.50	1.65	1.80
0.20	0.40	0.60	0.80	1.00	1.20	1.40	1.60	1.80	2.00	2.20	2.40
0.25	0.50	0.75	1.00	1.25	1.50	1.75	2.00	2.25	2.50	2.75	3.00
0.30	0.60	0.90	1.20	1.50	1.80	2.10	2.40	2.70	3.00	3.30	3.60
0.35	0.70	1.05	1.40	1.75	2.10	2.45	2.80	3.15	3.50	3.85	4.20
0.40	0.80	1.20	1.60	2.00	2.40	2.80	3.20	3.60	4.00	4.40	4.80
0.50	1.00	1.50	2.00	2.50	3.00	3.50	4.00	4.50	5.00	5.50	6.00
0.60	1.20	1.80	2.40	3.00	3.60	4.20	4.80	5.40	6.00	6.60	7.20
0.65	1.30	1.95	2.60	3.25	3.90	4.55	5.20	5.85	6.50	7.15	7.80
0.70	1.40	2.10	2.80	3.50	4.20	4.90	5.60	6.30	7.00	7.70	8.40
0.80	1.60	2.40	3.20	4.00	4.80	5.60	6.40	7.20	8.00	8.80	9.60
0.90	1.80	2.70	3.60	4.50	5.40	6.30	7.20	8.10	9.00	9.90	10.80
1.10	2.20	3.30	4.40	5.50	6.60	7.70	8.80	9.90	11.00	12.10	13.20
1.20	2.40	3.60	4.80	6.00	7.20	8.40	9.60	10.80	12.00	13.20	14.40
1.30	2.60	3.90	5.20	6.50	7.80	9.10	10.40	11.70	13.00	14.30	15.60
1.40	2.80	4.20	5.60	7.00	8.40	9.80	11.20	12.60	14.00	15.40	16.80
1.50	3.00	4.50	6.00	7.50	9.00	10.50	12.00	13.50	15.00	16.50	18.00
1.60	3.20	4.80	6.40	8.00	9.60	11.20	12.80	14.40	16.00	17.60	19.20
1.70	3.40	5.10	6.80	8.50	10.20	11.90	13.60	15.30	17.00	18.70	20.40
1.80	3.60	5.40	7.20	9.00	10.80	12.60	14.40	16.20	18.00	19.80	21.60
1.90	3.80	5.70	7.60	9.50	11.40	13.30	15.20	17.10	19.00	20.90	22.80
2.00	4.00	6.00	8.00	10.00	12.00	14.00	16.00	18.00	20.00	22.00	24.00
2.10	4.20	6.30	8.40	10.50	12.60	14.70	16.80	18.90	21.00	23.10	25.20
2.30	4.60	6.90	9.20	11.50	13.80	16.10	18.40	20.70	23.00	25.30	27.60
2.40	4.80	7.20	9.60	12.00	14.40	16.80	19.20	21.60	24.00	26.40	28.80
2.70	5.40	8.10	10.80	13.50	16.20	18.90	21.60	24.30	27.00	29.70	32.40
3.00	6.00	9.00	12.00	15.00	18.00	21.00	24.00	27.00	30.00	33.00	36.00
0.12	0.24	0.36	0.48	0.60	0.72	0.84	0.96	1.08	1.20	1.32	1.44
2.25	4.50	6.75	9.00	11.25	13.50	15.75	18.00	20.25	22.50	24.75	27.00

Voir hautes-paies pour les officiers-mariniers et marins. — Traitement de table d'officiers.

LE DECOMPTEUR.

SOLDE PAR JOUR	\multicolumn{10}{c}{Nombre de jours.}
	13	14	15	16	17	18	19	20	21	22
	FRANCS. CENTIMES.	FRANCS. CENTIMES.	FRANCS. CENTIMES.	FRANCS. CENTIMES.	FRANCS. CENTIMES.	FRANCS. CENTIMES.	FRANCS. CENTIMES.	FRANCS. CENTIMES.	FRANCS. CENTIMES.	FRANCS. CENTIMES.
0.07	0.91	0.98	1.05	1.12	1.19	1.26	1.33	1.40	1.47	1.54
0.15	1.95	2.10	2.25	2.40	2.55	2.70	2.85	3.00	3.15	3.30
0.20	2.60	2.80	3.00	3.20	3.40	3.60	3.80	4.00	4.20	4.40
0.25	3.25	3.50	3.75	4.00	4.25	4.50	4.75	5.00	5.25	5.50
0.30	3.90	4.20	4.50	4.80	5.10	5.40	5.70	6.00	6.30	6.60
0.35	4.55	4.90	5.25	5.60	5.95	6.30	6.65	7.00	7.35	7.70
0.40	5.20	5.60	6.00	6.40	6.80	7.20	7.60	8.00	8.40	8.80
0.50	6.50	7.00	7.50	8.00	8.50	9.00	9.50	10.00	10.50	11.00
0.60	7.80	8.40	9.00	9.60	10.20	10.80	11.40	12.00	12.60	13.20
0.65	8.45	9.10	9.75	10.40	11.05	11.70	12.35	13.00	13.65	14.30
0.70	9.10	9.80	10.50	11.20	11.90	12.60	13.30	14.00	14.70	15.40
0.80	10.40	11.20	12.00	12.80	13.60	14.40	15.20	16.00	16.80	17.60
0.90	11.70	12.60	13.50	14.40	15.30	16.20	17.10	18.00	18.90	19.80
1.10	14.30	15.40	16.50	17.60	18.70	19.80	20.90	22.00	23.10	24.20
1.20	15.60	16.80	18.00	19.20	20.40	21.60	22.80	24.00	25.20	26.40
1.30	16.90	18.20	19.50	20.80	22.10	23.40	24.70	26.00	27.30	28.60
1.40	18.20	19.60	21.00	22.40	23.80	25.20	26.60	28.00	29.40	30.80
1.50	19.50	21.00	22.50	24.00	25.50	27.00	28.50	30.00	31.50	33.00
1.60	20.80	22.40	24.00	25.60	27.20	28.80	30.40	32.00	33.60	35.20
1.70	22.10	23.80	25.50	27.20	28.90	30.60	32.30	34.00	35.70	37.40
1.80	23.40	25.20	27.00	28.80	30.60	32.40	34.20	36.00	37.80	39.60
1.90	24.70	26.60	28.50	30.40	32.30	34.20	36.10	38.00	39.90	41.80
2.00	26.00	28.00	30.00	32.00	34.00	36.00	38.00	40.00	42.00	44.00
2.10	27.30	29.40	31.50	33.60	35.70	37.80	39.90	42.00	44.10	46.20
2.30	29.90	32.20	34.50	36.80	39.10	41.40	43.70	46.00	48.30	50.60
2.40	31.20	33.60	36.00	38.40	40.80	43.20	45.60	48.00	50.40	52.80
2.70	35.10	37.80	40.50	43.20	45.90	48.60	51.30	54.00	56.70	59.40
3.00	39.00	42.00	45.00	48.00	51.00	54.00	57.00	60.00	63.00	66.00
0.12	1.56	1.68	1.80	1.92	2.04	2.16	2.28	2.40	2.52	2.64
2.25	29.25	31.50	33.75	36.00	38.25	40.50	42.75	45.00	47.25	49.50

Nombre de jours.

SOLDE PAR JOUR	23	24	25	26	27	28	29	30	31	32
	FRANCS. CENTIMES.	FRANCS. CENTIMES.	FRANCS. CENTIMES.	FRANCS. CENTIMES.	FRANCS. CENTIMES.	FRANCS. CENTIMES.	FRANCS. CENTIMES.	FRANCS. CENTIMES.	FRANCS. CENTIMES.	FRANCS. CENTIMES.
0.07	1.61	1.68	1.75	1.82	1.89	1.96	2.03	2.10	2.17	2.24
0.15	3.45	3.60	3.75	3.90	4.05	4.20	4.35	4.50	4.65	4.80
0.20	4.60	4.80	5.00	5.20	5.40	5.60	5.80	6.00	6.20	6.40
0.25	5.75	6.00	6.25	6.50	6.75	7.00	7.25	7.50	7.75	8.00
0.30	6.90	7.20	7.50	7.80	8.10	8.40	8.70	9.00	9.30	9.60
0.35	8.05	8.40	8.75	9.10	9.45	9.80	10.15	10.50	10.85	11.20
0.40	9.20	9.60	10.00	10.40	10.80	11.20	11.60	12.00	12.40	12.80
0.50	11.50	12.00	12.50	13.00	13.50	14.00	14.50	15.00	15.50	16.00
0.60	13.80	14.40	15.00	15.60	16.20	16.80	17.40	18.00	18.60	19.20
0.65	14.95	15.60	16.25	16.90	17.55	18.20	18.85	19.50	20.15	20.80
0.70	16.10	16.80	17.50	18.20	18.90	19.60	20.30	21.00	21.70	22.40
0.80	18.40	19.20	20.00	20.80	21.60	22.40	23.20	24.00	24.80	25.60
0.90	20.70	21.60	22.50	23.40	24.30	25.20	26.10	27.00	27.90	28.80
1.10	25.30	26.40	27.50	28.60	29.70	30.80	31.90	33.00	34.10	35.20
1.20	27.60	28.80	30.00	31.20	32.40	33.60	34.80	36.00	37.20	38.40
1.30	29.90	31.20	32.50	33.80	35.10	36.40	37.70	39.00	40.30	41.60
1.40	32.20	33.60	35.00	36.40	37.80	39.20	40.60	42.00	43.40	44.80
1.50	34.50	36.00	37.50	39.00	40.50	42.00	43.50	45.00	46.50	48.00
1.60	36.80	38.40	40.00	41.60	43.20	44.80	46.40	48.00	49.60	51.20
1.70	39.10	40.80	42.50	44.20	45.90	47.60	49.30	51.00	52.70	54.40
1.80	41.40	43.20	45.00	46.80	48.60	50.40	52.20	54.00	55.80	57.60
1.90	43.70	45.60	47.50	49.40	51.30	53.20	55.10	57.00	58.90	60.80
2.00	46.00	48.00	50.00	52.00	54.00	56.00	58.00	60.00	62.00	64.00
2.10	48.30	50.40	52.50	54.60	56.70	58.80	60.90	63.00	65.10	67.20
2.30	52.90	55.20	57.50	59.80	62.10	64.40	66.70	69.00	71.30	73.60
2.40	55.20	57.60	60.00	62.40	64.80	67.20	69.60	72.00	74.40	76.80
2.70	62.10	64.80	67.50	70.20	72.90	75.60	78.30	81.00	83.70	86.40
3.00	69.00	72.00	75.00	78.00	81.00	84.00	87.00	90.00	93.00	96.00
0.12	2.76	2.88	3.00	3.12	3.24	3.36	3.48	3.60	3.72	3.84
2.25	51.75	54.00	56.25	58.50	60.75	63.00	65.25	67.50	69.75	72.00

Nombre de jours.

SOLDE PAR JOUR	33		34		35		36		37		38		39		40		41	
	FRANCS.	CENTIMES.	FRANCS.	CENTIMES.	FRANCS.	CENTIMES.	FRANCS.	CENTIMES.	FRANCS.	CENTIMES.	FRANCS.	CENTIMES.	FRANCS.	CENTIMES.	FRANCS.	CENTIMES.	FRANCS.	CENTIMES.
0.07	2.31		2.38		2.45		2.52		2.59		2.66		2.73		2.80		2.87	
0.15	4.95		5.10		5.25		5.40		5.55		5.70		5.85		6.00		6.15	
0.20	6.60		6.80		7.00		7.20		7.40		7.60		7.80		8.00		8.20	
0.25	8.25		8.50		8.75		9.00		9.25		9.50		9.75		10.00		10.25	
0.30	9.90		10.20		10.50		10.80		11.10		11.40		11.70		12.00		12.30	
0.35	11.55		11.90		12.25		12.60		12.95		13.30		13.65		14.00		14.35	
0.40	13.20		13.60		14.00		14.40		14.80		15.20		15.60		16.00		16.40	
0.50	16.50		17.00		17.50		18.00		18.50		19.00		19.50		20.00		20.50	
0.60	19.80		20.40		21.00		21.60		22.20		22.80		23.40		24.00		24.60	
0.65	21.45		22.10		22.75		23.40		24.05		24.70		25.35		26.00		26.65	
0.70	23.10		23.80		24.50		25.20		25.90		26.60		27.30		28.00		28.70	
0.80	26.40		27.20		28.00		28.80		29.60		30.40		31.20		32.00		32.80	
0.90	29.70		30.60		31.50		32.40		33.30		34.20		35.10		36.00		36.90	
1.10	36.30		37.40		38.50		39.60		40.70		41.80		42.90		44.00		45.10	
1.20	39.60		40.80		42.00		43.20		44.40		45.60		46.80		48.00		49.20	
1.30	42.90		44.20		45.50		46.80		48.10		49.40		50.70		52.00		53.30	
1.40	46.20		47.60		49.00		50.40		51.80		53.20		54.60		56.00		57.40	
1.50	49.50		51.00		52.50		54.00		55.50		57.00		58.50		60.00		61.50	
1.60	52.80		54.40		56.00		57.60		59.20		60.80		62.40		64.00		65.60	
1.70	56.10		57.80		59.50		61.20		62.90		64.60		66.30		68.00		69.70	
1.80	59.40		61.20		63.00		64.80		66.60		68.40		70.20		72.00		73.80	
1.90	62.70		64.60		66.50		68.40		70.30		72.20		74.10		76.00		77.90	
2.00	66.00		68.00		70.00		72.00		74.00		76.00		78.00		80.00		82.00	
2.10	69.30		71.40		73.50		75.60		77.70		79.80		81.90		84.00		86.10	
2.30	75.90		78.20		80.50		82.80		85.10		87.40		89.70		92.00		94.30	
2.40	79.20		81.60		84.00		86.40		88.80		91.20		93.60		96.00		98.40	
2.70	89.10		91.80		94.50		97.20		99.90		102.60		105.30		108.00		110.70	
3.00	99.00		102.00		105.00		108.00		111.00		114.00		117.00		120.00		123.00	
0.12	3.96		4.08		4.20		4.32		4.44		4.56		4.68		4.80		4.92	
2.25	74.25		76.50		78.75		81.00		83.25		85.50		87.75		90.00		92.25	

Nombre de jours.

SOLDE PAR JOUR	42	43	44	45	46	47	48	49	50
	FRANCS. CENTIMES.	FRANCS. CENTIMES.	FRANCS. CENTIMES.	FRANCS. CENTIMES.	FRANCS. CENTIMES.	FRANCS. CENTIMES.	FRANCS. CENTIMES.	FRANCS. CENTIMES.	FRANCS. CENTIMES.
0.07	2.94	3.01	3.08	3.15	3.22	3.29	3.36	3.43	3.50
0.15	6.30	6.45	6.60	6.75	6.90	7.05	7.20	7.35	7.50
0.20	8.40	8.60	8.80	9.00	9.20	9.40	9.60	9.80	10.00
0.25	10.50	10.75	11.00	11.25	11.50	11.75	12.00	12.25	12.50
0.30	12.60	12.90	13.20	13.50	13.80	14.10	14.40	14.70	15.00
0.35	14.70	15.05	15.40	15.75	16.10	16.45	16.80	17.15	17.50
0.40	16.80	17.20	17.60	18.00	18.40	18.80	19.20	19.60	20.00
0.50	21.60	21.50	22.00	22.50	23.00	23.50	24.00	24.50	25.00
0.60	25.20	25.80	26.40	27.00	27.60	28.20	28.80	29.40	30.00
0.65	27.30	27.95	28.60	29.25	29.90	30.55	31.20	31.85	32.50
0.70	29.40	30.10	30.80	31.50	32.20	32.90	33.60	34.30	35.00
0.80	33.60	34.40	35.20	36.00	36.80	37.60	38.40	39.20	40.00
0.90	37.80	38.70	39.60	40.50	41.40	42.30	43.20	44.10	45.00
1.10	46.20	47.30	48.40	49.50	50.60	51.70	52.80	53.90	55.00
1.20	50.40	51.60	52.80	54.00	55.20	56.40	57.60	58.80	60.00
1.30	54.60	55.90	57.20	58.50	59.80	61.10	62.40	63.70	65.00
1.40	58.80	60.20	61.60	63.00	64.40	65.80	67.20	68.60	70.00
1.50	63.00	64.50	66.00	67.50	69.00	70.50	72.00	73.50	75.00
1.60	67.20	68.80	70.40	72.00	73.60	75.20	76.80	78.40	80.00
1.70	71.40	73.10	74.80	76.50	78.20	79.90	81.60	83.30	85.00
1.80	75.60	77.40	79.20	81.00	82.80	84.60	86.40	88.20	90.00
1.90	79.80	81.70	83.60	85.50	87.40	89.50	91.20	93.10	95.00
2.00	84.00	86.00	88.00	90.00	92.00	94.00	96.00	98.00	100.00
2.10	88.20	90.30	92.40	94.50	96.60	98.70	100.80	102.90	105.00
2.30	96.60	98.90	101.20	103.50	105.80	108.10	110.40	112.70	115.00
2.40	100.80	103.20	105.60	108.00	110.40	112.80	115.20	117.60	120.00
2.70	113.40	116.10	118.80	121.50	124.20	126.90	129.60	132.30	135.00
3.00	126.00	129.00	132.00	135.00	138.00	141.00	144.00	147.00	150.00
0.12	5.04	5.16	5.28	5.40	5.52	5.64	5.76	5.88	6.00
2.25	94.50	96.75	99.00	101.25	103.50	105.75	108.00	110.25	112.50

| | Nombre de jours. | | | | | | | | |

SOLDE PAR JOUR	51		52		53		54		55		56		57		58		59	
	FRANCS.	CENTIMES.	FRANCS.	CENTIMES.	FRANCS.	CENTIMES.	FRANCS.	CENTIMES.	FRANCS.	CENTIMES.	FRANCS.	CENTIMES.	FRANCS.	CENTIMÈE.	FRANCS.	CENTIMES.	FRANCS.	CENTIMES.
0.07	3.57	3.64	3.71	3.78	3.85	3.92	3.99	4.06	4.13
0.15	7.65	7.80	7.95	8.10	8.25	8.40	8.55	8.70	8.85
0.20	10.20	10.40	10.60	10.80	11.00	11.20	11.40	11.60	11.80
0.25	12.75	13.00	13.25	13.50	13.75	14.00	14.25	14.50	14.75
0.30	15.30	15.60	15.90	16.20	16.50	16.80	17.10	17.40	17.70
0.35	17.85	18.20	18.55	18.90	19.25	19.60	19.95	20.30	20.65
0.40	20.40	20.80	21.20	21.60	22.00	22.40	22.80	23.20	23.60
0.50	25.50	26.00	26.50	27.00	27.50	28.00	28.50	29.00	29.50
0.60	30.60	31.20	31.80	32.40	33.00	33.60	34.20	34.80	35.40
0.65	33.15	33.80	34.45	35.10	35.75	36.40	37.05	37.70	38.35
0.70	35.70	36.40	37.10	37.80	38.50	39.20	39.90	40.60	41.30
0.80	40.80	41.60	42.40	43.20	44.00	44.80	45.60	46.40	47.20
0.90	45.90	46.80	47.70	48.60	49.50	50.40	51.30	52.20	53.10
1.10	56.10	57.20	58.30	59.40	60.50	61.60	62.70	63.80	64.90
1.20	61.20	62.40	63.60	64.80	66.00	67.20	68.40	69.60	70.80
1.30	66.30	67.60	68.90	70.20	71.50	72.80	74.10	75.40	76.70
1.40	71.40	72.80	74.20	75.60	77.00	78.40	79.80	81.20	82.60
1.50	76.50	78.00	79.50	81.00	82.50	84.00	85.50	87.00	88.50
1.60	81.60	83.20	84.80	86.40	88.00	89.60	91.20	92.80	94.40
1.70	86.70	88.40	90.10	91.80	93.50	95.20	96.90	98.60	100.30
1.80	91.80	93.60	95.40	97.20	99.00	100.80	102.60	104.40	106.20
1.90	96.90	98.80	100.70	102.60	104.50	106.40	108.30	110.20	112.10
2.00	102.00	104.00	106.00	108.00	110.00	112.00	114.00	116.00	118.00
2.10	107.10	109.20	111.30	113.40	115.50	117.60	119.70	121.80	123.90
2.30	117.30	119.60	121.90	124.20	126.50	128.80	131.10	133.40	135.70
2.40	122.40	124.80	127.20	129.60	132.00	134.40	136.80	139.20	141.60
2.70	137.70	140.40	143.10	145.80	148.50	151.20	153.90	156.60	159.30
3.00	153.00	156.00	159.00	162.00	165.00	168.00	171.00	174.00	177.00
0.12	6.12	6.24	6.36	6.48	6.60	6.72	6.84	6.96	7.08
2.25	114.75	117.00	119.25	121.50	123.75	126.00	128.25	130.50	132.75

Nombre de jours.

SOLDE PAR JOUR	60		61		62		63		64		65		66		67		68	
	FRANCS.	CENTIMES.	FRANCS.	CENTIMES.	FRANCS.	CENTIMES.	FRANCS.	CENTIMES.	FRANCS.	CENTIMES.	FRANCS.	CENTIMES.	FRANCS.	CENTIMES.	FRANCS.	CENTIMES.	FRANCS.	CENTIMES.
0.07	4.20		4.27		4.34		4.41		4.48		4.55		4.62		4.69		4.76	
0.15	9.00		9.15		9.30		9.45		9.60		9.75		9.90		10.05		10.20	
0.20	12.00		12.20		12.40		12.60		12.80		13.00		13.20		13.40		13.60	
0.25	15.00		15.25		15.50		15.75		16.00		16.25		16.50		16.75		17.00	
0.30	18.00		18.30		18.60		18.90		19.20		19.50		19.80		20.10		20.40	
0.35	21.00		21.35		21.70		22.05		22.40		22.75		23.10		23.45		23.80	
0.40	24.00		24.40		24.80		25.20		25.60		26.00		26.40		26.80		27.20	
0.50	30.00		30.50		31.00		31.50		32.00		32.50		33.00		33.50		34.00	
0.60	36.00		36.60		37.20		37.80		38.40		39.00		39.60		40.20		40.80	
0.65	39.00		39.65		40.30		40.95		41.60		42.25		42.90		43.55		44.20	
0.70	42.00		42.70		43.40		44.10		44.80		45.50		46.20		46.90		47.60	
0.80	48.00		48.80		49.60		50.40		51.20		52.00		52.80		53.60		54.40	
0.90	54.00		54.90		55.80		56.70		57.60		58.50		59.40		60.30		61.20	
1.10	66.00		67.10		68.20		69.30		70.40		71.50		72.60		73.70		74.80	
1.20	72.00		73.20		74.40		75.60		76.80		78.00		79.20		80.40		81.60	
1.30	78.00		79.30		80.60		81.90		83.20		84.50		85.80		87.10		88.40	
1.40	84.00		85.40		86.80		88.20		89.60		91.00		92.40		93.80		95.20	
1.50	90.00		91.50		93.00		94.50		96.00		97.50		99.00		100.50		102.00	
1.60	96.00		97.60		99.20		100.80		102.40		104.00		105.60		107.20		108.80	
1.70	102.00		103.70		105.40		107.10		108.80		110.50		112.20		113.90		115.60	
1.80	108.00		109.80		111.60		113.40		115.20		117.00		118.80		120.60		122.40	
1.90	114.00		115.90		117.80		119.70		121.60		123.50		125.40		127.30		129.20	
2.00	120.00		122.00		124.00		126.00		128.00		130.00		132.00		134.00		136.00	
2.10	126.00		128.10		130.20		132.30		134.40		136.50		138.60		140.70		142.80	
2.30	138.00		140.30		142.60		144.90		147.20		149.50		151.80		154.10		156.40	
2.40	144.00		146.40		148.80		151.20		153.60		156.00		158.40		160.80		163.20	
2.70	162.00		164.70		167.40		170.10		172.80		175.50		178.20		180.90		183.60	
3.00	180.00		183.00		186.00		189.00		192.00		195.00		198.00		201.00		204.00	
0.12	7.20		7.32		7.44		7.56		7.68		7.80		7.92		8.04		8.16	
2.25	135.00		137.25		139.50		141.75		144.00		146.25		148.50		150.75		153.00	

Nombre de jours.

SOLDE PAR JOUR	69 FRANCS. CENTIMES.	70 FRANCS. CENTIMES.	71 FRANCS. CENTIMES.	72 FRANCS. CENTIMES.	73 FRANCS. CENTIMES.	74 FRANCS. CENTIMES.	75 FRANCS. CENTIMES.	76 FRANCS. CENTIMES.	77 FRANCS. CENTIMES.
0.07	4.83	4.90	4.97	5.04	5.11	5.18	5.25	5.32	5.39
0.15	10.35	10.50	10.65	10.80	10.95	11.10	11.25	11.40	11.55
0.20	13.80	14.00	14.20	14.40	14.60	14.80	15.00	15.20	15.40
0.25	17.25	17.50	17.75	18.00	18.25	18.50	18.75	19.00	19.25
0.30	20.70	21.00	21.30	21.60	21.90	22.20	22.50	22.80	23.10
0.35	24.15	24.50	24.85	25.20	25.55	25.90	26.25	26.60	26.95
0.40	27.60	28.00	28.40	28.80	29.20	29.60	30.00	30.40	30.80
0.50	34.50	35.00	35.50	36.00	36.50	37.00	37.50	38.00	38.50
0.60	41.40	42.00	42.60	43.20	43.80	44.40	45.00	45.60	46.20
0.65	44.85	45.50	46.15	46.80	47.45	48.10	48.75	49.40	50.05
0.70	48.30	49.00	49.70	50.40	51.10	51.80	52.50	53.20	53.90
0.80	55.20	56.00	56.80	57.60	58.40	59.20	60.00	60.80	61.60
0.90	62.10	63.00	63.90	64.80	65.70	66.60	67.50	68.40	69.30
1.10	75.90	77.00	78.10	79.20	80.30	81.40	82.50	85.60	84.70
1.20	82.80	84.00	85.20	86.40	87.60	88.80	90.00	91.20	92.40
1.30	89.70	91.00	92.30	93.60	94.90	96.20	97.50	98.80	100.10
1.40	96.60	98.00	99.40	100.80	102.20	103.60	105.00	106.40	107.80
1.50	103.50	105.00	106.50	108.00	109.50	111.00	112.50	114.00	115.50
1.60	110.40	112.00	113.60	115.20	116.80	118.40	120.00	121.60	123.20
1.70	117.30	119.00	120.70	122.40	124.10	125.80	127.50	129.20	130.90
1.80	124.20	126.00	127.80	129.60	131.40	133.20	135.00	136.80	138.60
1.90	131.10	133.00	134.90	136.80	138.70	140.60	142.50	144.40	146.30
2.00	138.00	140.00	142.00	144.00	146.00	148.00	150.00	152.00	154.00
2.10	144.90	147.00	149.10	151.20	153.30	155.40	157.50	159.60	161.70
2.30	158.70	161.00	163.30	165.60	167.90	170.20	172.50	174.80	177.10
2.40	165.60	168.00	170.40	172.80	175.20	177.60	180.00	182.40	184.80
2.70	186.30	189.00	191.70	194.40	197.10	199.80	202.50	205.20	207.90
3.00	207.00	210.00	213.00	216.00	219.00	222.00	225.00	228.00	231.00
0.12	8.28	8 40	8.52	8.64	8.76	8.88	9.00	9.12	9.24
2.25	155.25	157.50	159.75	162.00	164.25	166.50	168.75	171.00	173.25

Nombre de jours.

SOLDE PAR JOUR	78	79	80	81	82	83	84	85	86
	FR. C.	FR. C.	FR. C.	FR. C.	FR. C.	FR. C.	FR. C.	FR. C.	FR. C.
0.07	5.46	5.53	5.60	5.67	5.74	5.81	5.88	5.95	6.02
0.15	11.70	11.85	12.00	12.15	12.30	12.45	12.60	12.75	12.90
0.20	15.60	15.80	16.00	16.20	16.40	16.60	16.80	17.00	17.20
0.25	19.50	19.75	20.00	20.25	20.50	20.75	21.00	21.25	21.50
0.30	23.40	23.70	24.00	24.30	24.60	24.90	25.20	25.50	25.80
0.35	27.30	27.65	28.00	28.35	28.70	29.05	29.40	29.75	30.10
0.40	31.20	31.60	32.00	32.40	32.80	33.20	33.60	34.00	34.40
0.50	39.00	39.50	40.00	40.50	41.00	41.50	42.00	42.50	43.00
0.60	46.80	47.40	48.00	48.60	49.20	49.80	50.40	51.00	51.60
0.65	50.70	51.35	52.00	52.65	53.30	53.95	54.60	55.25	55.90
0.70	54.60	55.30	56.00	56.70	57.40	58.10	58.80	59.50	60.20
0.80	62.40	63.20	64.00	64.80	65.60	66.40	67.20	68.00	68.80
0.90	70.20	71.10	72.00	72.90	73.80	74.70	75.60	76.50	77.40
1.10	85.80	86.90	88.00	89.10	90.20	91.30	92.40	93.50	94.60
1.20	93.60	94.80	96.00	97.20	98.40	99.60	100.80	102.00	103.20
1.30	101.40	102.70	104.00	105.30	106.60	107.90	109.20	110.50	111.80
1.40	109.20	110.60	112.00	113.40	114.80	116.20	117.60	119.00	120.40
1.50	117.00	118.50	120.00	121.50	123.00	124.50	126.00	127.50	129.00
1.60	124.80	126.40	128.00	129.60	131.20	132.80	134.40	136.00	137.60
1.70	132.60	134.30	136.00	137.70	139.40	141.10	142.80	144.50	146.20
1.80	140.40	142.20	144.00	145.80	147.60	149.40	151.20	153.00	154.80
1.90	148.20	150.10	152.00	153.90	155.80	157.70	159.60	161.50	163.40
2.00	156.00	158.00	160.00	162.00	164.00	166.00	168.00	170.00	172.00
2.10	163.80	165.90	168.00	170.10	172.20	174.30	176.40	178.50	180.60
2.30	179.40	181.70	184.00	186.30	188.60	190.90	193.20	195.50	197.80
2.40	187.20	189.60	192.00	194.40	196.80	199.20	201.60	204.00	206.40
2.70	210.60	213.30	216.00	218.70	221.40	224.10	226.80	229.50	232.20
3.00	234.00	237.00	240.00	243.00	246.00	249.00	252.00	255.00	258.00
0.12	9.36	9.48	9.60	9.72	9.84	9.96	10.08	10.20	10.32
2.25	175.50	177.75	180.00	182.25	184.50	186.75	189.00	191.25	193.50

	87		88		89		90		91		92		93		94		95	
SOLDE PAR JOUR	FRANCS.	CENTIMES.	FRANCS.	CENTIMES.	FRANCS.	CENTIMES.	FRANCS.	CENTIMES.	FRANCS.	CENTIMES.	FRANCS.	CENTIMES.	FRANCS.	CENTIMES.	FRANCS.	CENTIMES.	FRANCS.	CENTIMES.
0.07	6.09		6.16		6.23		6.30		6.37		6.44		6.51		6.58		6.65	
0.15	13.05		13.20		13.35		13.50		13.65		13.80		13.95		14.10		14.25	
0.20	17.40		17.60		17.80		18.00		18.20		18.40		18.60		18.80		19.00	
0.25	21.75		22.00		22.25		22.50		22.75		23.00		23.25		23.50		23.75	
0.30	26.10		26.40		26.70		27.00		27.30		27.60		27.90		28.20		28.50	
0.35	30.45		30.80		31.15		31.50		31.85		32.20		32.55		32.90		33.25	
0.40	34.80		35.20		35.60		36.00		36.40		36.80		37.20		37.60		38.00	
0.50	43.50		44.00		44.50		45.00		45.50		46.00		46.50		47.00		47.50	
0.60	52.20		52.80		53.40		54.00		54.60		55.20		55.80		56.40		57.00	
0.65	56.55		57.20		57.85		58.50		59.15		59.80		60.45		61.10		61.75	
0.70	60.90		61.60		62.30		63.00		63.70		64.40		65.10		65.80		66.50	
0.80	69.60		70.40		71.20		72.00		72.80		73.60		74.40		75.20		76.00	
0.90	78.30		79.20		80.10		81.00		81.90		82.80		83.70		84.60		85.50	
1.10	95.70		96.80		97.90		99.00		100.10		101.20		102.30		103.40		104.50	
1.20	104.40		105.60		106.80		108.00		109.20		110.40		111.60		112.80		114.00	
1.30	113.10		114.40		115.70		117.00		118.30		119.60		120.90		122.20		123.50	
1.40	121.80		123.20		124.60		126.00		127.40		128.80		130.20		131.60		133.00	
1.50	130.50		132.00		133.50		135.00		136.50		138.00		139.50		141.00		142.50	
1.60	139.20		140.80		142.40		144.00		145.60		147.20		148.80		150.40		152.00	
1.70	147.90		149.60		151.50		153.00		154.70		156.40		158.10		159.80		161.50	
1.80	156.60		158.40		160.20		162.00		163.80		165.60		167.40		169.20		171.00	
1.90	165.30		167.20		169.10		171.00		172.90		174.80		176.70		178.60		180.50	
2.00	174.00		176.00		178.00		180.00		182.00		184.00		186.00		188.00		190.00	
2.10	182.70		184.80		186.90		189.00		191.10		193.20		195.30		197.40		199.50	
2.30	200.10		202.40		204.70		207.00		209.30		211.60		213.90		216.20		218.50	
2.40	208.80		211.20		213.60		216.00		218.40		220.80		223.20		225.60		228.00	
2.70	234.90		237.60		240.30		243.00		245.70		248.40		251.10		253.80		256.50	
3.00	261.00		264.00		267.00		270.00		275.00		276.00		279.00		282.00		285.00	
0.12	10.44		10.56		10.68		10.80		10.92		11.04		11.16		11.28		11.40	
2.25	195.75		198.00		200.25		202.50		204.75		207.00		209.25		211.50		213.75	

Nombre de jours.

SOLDE PAR JOUR	96		97		98		99		100		101		102		103		104	
	FRANCS.	CENTIMES.	FRANCS.	CENTIMES.	FRANCS.	CENTIMES.	FRANCS.	CENTIMES.	FRANCS.	CENTIMES.	FRANCS.	CENTIMES.	FRANCS.	CENTIMES.	FRANCS.	CENTIMES.	FRANCS.	CENTIMES.
0.07	6.72		6.79		6.86		6.95		7.00		7.07		7.14		7.21		7.28	
0.15	14.40		14.55		14.70		14.85		15.00		15.15		15.30		15.45		15.60	
0.20	19.20		19.40		19.60		19.80		20.00		20.20		20.40		20.60		20.80	
0.25	24.00		24.25		24.50		24.75		25.00		25.25		25.50		25.75		26.00	
0.30	28.80		29.10		29.40		29.70		30.00		30.30		30.60		30.90		31.20	
0.35	33.60		33.95		34.30		34.65		35.00		35.35		35.70		36.05		36.40	
0.40	38.40		38.80		39.20		39.60		40.00		40.40		40.80		41.20		41.60	
0.50	48.00		48.50		49.00		49.50		50.00		50.50		51.00		51.50		52.00	
0.60	57.60		58.20		58.80		59.40		60.00		60.60		61.20		61.80		62.40	
0.65	62.40		63.05		63.70		64.35		65.00		65.65		66.30		66.95		67.60	
0.70	67.20		67.90		68.60		69.30		70.00		70.70		71.40		72.10		72.80	
0.80	76.80		77.60		78.40		79.20		80.00		80.80		81.60		82.40		83.20	
0.90	86.40		87.30		88.20		89.10		90.00		90.90		91.80		92.70		93.60	
1.10	105.60		106.70		107.80		108.90		110.00		111.10		112.20		113.30		114.40	
1.20	115.20		116.40		117.60		118.80		120.00		121.20		122.40		123.60		124.80	
1.30	124.80		126.10		127.40		128.70		130.00		131.30		132.60		133.90		135.20	
1.40	134.40		135.80		137.20		138.60		140.00		141.40		142.80		144.20		145.60	
1.50	144.00		145.50		147.00		148.50		150.00		151.50		153.00		154.50		156.00	
1.60	153.60		155.20		156.80		158.40		160.00		161.60		163.20		164.80		166.40	
1.70	163.20		164.90		166.60		168.30		170.00		171.70		173.40		175.10		176.80	
1.80	172.80		174.60		176.40		178.20		180.00		181.80		183.60		185.40		187.20	
1.90	182.40		184.30		186.20		188.10		190.00		191.90		193.80		195.70		197.60	
2.00	192.00		194.00		196.00		198.00		200.00		202.00		204.00		206.00		208.00	
2.10	201.60		203.70		205.80		207.90		210.00		212.10		214.20		216.30		218.40	
2.30	220.80		223.10		225.40		227.70		230.00		232.30		234.60		236.90		239.20	
2.40	250.40		232.80		235.20		237.60		240.00		242.40		244.80		247.20		249.60	
2.70	259.20		261.90		264.60		267.30		270.00		272.70		275.40		278.10		280.80	
3.00	288.00		291.00		294.00		297.00		300.00		303.00		306.00		309.00		312.00	
0.12	11.52		11.64		11.76		11.88		12.00		12.12		12.24		12.36		12.48	
2.25	216.00		218.25		220.50		222.75		225.00		227.25		229.50		231.75		234.00	

Nombre de jours.

SOLDE PAR JOUR	105	106	107	108	109	110	111	112	113
0,07	7.35	7.42	7.49	7.56	7.65	7.70	7.77	7.84	7.91
0,15	15.75	15.90	16.05	16.20	16.35	16.50	16.65	16.80	16.95
0,20	21.00	21.20	21.40	21.60	21.80	22.00	22.20	22.40	22.60
0,25	26.25	26.50	26.75	27.00	27.25	27.50	27.75	28.00	28.25
0,30	31.50	31.80	32.10	32.40	32.70	33.00	33.30	33.60	33.90
0,35	36.75	37.10	37.45	37.80	38.15	38.50	38.85	39.20	39.55
0,40	42.00	42.40	42.80	43.20	43.60	44.00	44.40	44.80	45.20
0,50	52.50	53.00	53.50	54.00	54.50	55.00	55.50	56.00	56.50
0,60	63.00	63.60	64.20	64.80	65.40	66.00	66.60	67.20	67.80
0,65	68.25	68.90	69.55	70.20	70.85	71.50	72.15	72.80	73.45
0,70	73.50	74.20	74.90	75.60	76.30	77.00	77.70	78.40	79.10
0,80	84.00	84.80	85.60	86.40	87.20	88.00	88.80	89.60	90.40
0,90	94.50	95.40	96.30	97.20	98.10	99.00	99.90	100.80	101.70
1,10	115.50	116.60	117.70	118.80	119.90	121.00	122.10	123.20	124.30
1,20	126.00	127.20	128.40	129.60	130.80	132.00	133.20	134.40	135.60
1,30	136.50	137.80	139.10	140.40	141.70	143.00	144.30	145.60	146.90
1,40	147.00	148.40	149.80	151.20	152.60	154.00	155.40	156.80	158.20
1,50	157.50	159.00	160.50	162.00	163.50	165.00	166.50	168.00	169.50
1,60	168.00	169.60	171.20	172.80	174.40	176.00	177.60	179.20	180.80
1,70	178.50	180.20	181.90	183.60	185.30	187.00	188.70	190.40	192.10
1,80	189.00	190.80	192.60	194.40	196.20	198.00	199.80	201.60	203.40
1,90	199.50	201.40	203.30	205.20	207.10	209.00	210.90	212.80	214.70
2,00	210.00	212.00	214.00	216.00	218.00	220.00	222.00	224.00	226.00
2,10	220.50	222.60	224.70	226.80	228.90	231.00	233.10	235.20	237.30
2,30	241.50	243.80	246.10	248.40	250.70	253.00	255.30	257.60	259.90
2,40	252.00	254.40	256.80	259.20	261.60	264.00	266.40	268.80	271.20
2,70	283.50	286.20	288.90	291.60	294.30	297.00	299.70	302.40	305.10
3,00	315.00	318.00	321.00	324.00	327.00	330.00	333.00	336.00	339.00
0,12	12.60	12.72	12.84	12.96	13.08	13.20	13.32	13.44	13.56
2,25	236.25	238.50	240.75	243.00	245.25	247.50	249.75	252.00	254.25

Nombre de jours.

SOLDE PAR JOUR	114	115	116	117	118	119	120	121	122
	FRANCS. CENTIMES.	FRANCS. CENTIMES.	FRANCS. CENTIMES.	FRANCS. CENTIMES.	FRANCS. CENTIMES.	FRANCS. CENTIMES.	FRANCS. CENTIMES.	FRANCS. CENTIMES.	FRANCS. CENTIMES.
0.07	7.98	8.05	8.12	8.19	8.26	8.33	8.40	8.47	8.54
0.15	17.10	17.25	17.40	17.55	17.70	17.85	18.00	18.15	18.30
0.20	22.80	23.00	23.20	23.40	23.60	23.80	24.00	24.20	24.40
0.25	28.50	28.75	29.00	29.25	29.50	29.75	30.00	30.25	30.50
0.30	34.20	34.50	34.80	35.10	35.40	35.70	36.00	36.30	36.60
0.35	39.90	40.25	40.60	40.95	41.30	41.65	42.00	42.35	42.70
0.40	45.60	46.00	46.40	46.80	47.20	47.60	48.00	48.40	48.80
0.50	57.00	57.50	58.00	58.50	59.00	59.50	60.00	60.50	61.00
0.60	68.40	69.00	69.60	70.20	70.80	71.40	72.00	72.60	73.20
0.65	74.10	74.75	75.40	76.05	76.70	77.35	78.00	78.65	79.30
0.70	79.80	80.50	81.20	81.90	82.60	83.30	84.00	84.70	85.40
0.80	91.20	92.00	92.80	93.60	94.40	95.20	96.00	96.80	97.60
0.90	102.60	103.50	104.40	105.30	106.20	107.10	108.00	108.90	109.80
1.10	125.40	126.50	127.60	128.70	129.80	130.90	132.00	133.10	134.20
1.20	136.80	138.00	139.20	140.40	141.60	142.80	144.00	145.20	146.40
1.30	148.20	149.50	150.80	152.10	153.40	154.70	156.00	157.30	158.60
1.40	159.60	161.00	162.40	163.80	165.20	166.60	168.00	169.40	170.80
1.50	171.00	172.50	174.00	175.50	177.00	178.50	180.00	181.50	183.00
1.60	182.40	184.00	185.60	187.20	188.80	190.40	192.00	193.60	195.20
1.70	193.80	195.50	197.20	198.90	200.60	202.30	204.00	205.70	207.40
1.80	205.20	207.00	208.80	210.60	212.40	214.20	216.00	217.80	219.60
1.90	216.60	218.50	220.40	222.30	224.20	226.10	228.00	229.90	231.80
2.00	228.00	230.00	232.00	234.00	236.00	238.00	240.00	242.00	244.00
2.10	239.40	241.50	243.60	245.70	247.80	249.90	252.00	254.10	256.20
2.30	262.20	264.50	266.80	269.10	271.40	273.70	276.00	278.30	280.60
2.40	273.60	276.00	278.40	280.80	283.20	285.60	288.00	290.40	292.80
2.70	307.80	310.50	313.20	315.90	318.60	321.30	324.00	326.70	329.40
3.00	342.00	345.00	348.00	351.00	354.00	357.00	360.00	363.00	366.00
0.12	13.68	13.80	13.92	14.04	14.16	14.28	14.40	14.52	14.64
2.25	256.50	258.75	261.00	263.25	265.50	267.75	270.00	272.25	274.50

Nombre de jours.

SOLDE PAR JOUR	123		124		125		126		127		128		129		130		131	
	FRANCS.	CENTIMES.	FRANCS.	CENTIMES.	FRANCS.	CENTIMES.	FRANCS.	CENTIMES.	FRANCS.	CENTIMES.	FRANCS.	CENTIMES.	FRANCS.	CENTIMES.	FRANCS.	CENTIMES.	FRANCS.	CENTIMES.
0.07	8.61		8.68		8.75		8.82		8.89		8.96		9.03		9.10		9.17	
0.15	18.45		18.60		18.75		18.90		19.05		19.20		19.35		19.50		19.65	
0.20	24.60		24.80		25.00		25.20		25.40		25.60		25.80		26.00		26.20	
0.25	30.75		31.00		31.25		31.50		31.75		32.00		32.25		32.50		32.75	
0.30	36.90		37.20		37.50		37.80		38.10		38.40		38.70		39.00		39.30	
0.35	43.05		43.40		43.75		44.10		44.45		44.80		45.15		45.50		45.85	
0.40	49.20		49.60		50.00		50.40		50.80		51.20		51.60		52.00		52.40	
0.50	61.50		62.00		62.50		63.00		63.50		64.00		64.50		65.00		65.50	
0.60	73.80		74.40		75.00		75.60		76.20		76.80		77.40		78.00		78.60	
0.65	79.95		80.60		81.25		81.90		82.55		83.20		83.85		84.50		85.15	
0.70	86.10		86.80		87.50		88.20		88.90		89.60		90.30		91.00		91.70	
0.80	98.40		99.20		100.00		100.80		101.60		102.40		103.20		104.00		104.80	
0.90	110.70		111.60		112.50		113.40		114.30		115.20		116.10		117.00		117.90	
1.10	135.30		136.40		137.50		138.60		139.70		140.80		141.90		143.00		144.10	
1.20	147.60		148.80		150.00		151.20		152.40		153.60		154.80		156.00		157.20	
1.30	159.90		161.20		162.50		163.80		165.10		166.40		167.70		169.00		170.30	
1.40	172.20		173.60		175.00		176.40		177.80		179.20		180.60		182.00		183.40	
1.50	184.50		186.00		187.50		189.00		190.50		192.00		193.50		195.00		196.50	
1.60	196.80		198.40		200.00		201.60		203.20		204.80		206.40		208.00		209.60	
1.70	209.10		210.80		212.50		214.20		215.90		217.60		219.30		221.00		222.70	
1.80	221.40		223.20		225.00		226.80		228.60		230.40		232.20		234.00		235.80	
1.90	233.70		235.60		237.50		239.40		241.30		243.20		245.10		247.00		248.90	
2.00	246.00		248.00		250.00		252.00		254.00		256.00		258.00		260.00		262.00	
2.10	258.30		260.40		262.50		264.60		266.70		268.80		270.90		273.00		275.10	
2.30	282.90		285.20		287.50		289.80		292.10		294.40		296.70		299.00		301.30	
2.40	295.20		297.60		300.00		302.40		304.80		307.20		309.60		312.00		314.40	
2.70	332.10		334.80		337.50		340.20		342.90		345.60		348.30		351.00		353.70	
3.00	369.00		372.00		375.00		378.00		381.00		384.00		387.00		390.00		393.00	
0.12	14.76		14.88		15.00		15.12		15.24		15.36		15.48		15.60		15.72	
2.25	276.75		279.00		281.25		283.50		285.75		288.00		290.25		292.50		294.75	

Nombre de jours.

SOLDE PAR JOUR	132	133	134	135	136	137	138	139	140
0.07	9.24	9.31	9.38	9.45	9.52	9.59	9.66	9.73	9.80
0.15	19.80	19.95	20.10	20.25	20.40	20.55	20.70	20.85	21.00
0.20	26.40	26.60	26.80	27.00	27.20	27.40	27.60	27.80	28.00
0.25	33.00	33.25	33.50	33.75	34.00	34.25	34.50	34.75	35.00
0.30	39.60	39.90	40.20	40.50	40.80	41.10	41.40	41.70	42.00
0.35	46.20	46.55	46.90	47.25	47.60	47.95	48.30	48.65	49.00
0.40	52.80	53.20	53.60	54.00	54.40	54.80	55.20	55.60	56.00
0.50	66.00	66.50	67.00	67.50	68.00	68.50	69.00	69.50	70.00
0.60	79.20	79.80	80.40	81.00	81.60	82.20	82.80	83.40	84.00
0.65	85.80	86.45	87.10	87.75	88.40	89.05	89.70	90.35	91.00
0.70	92.40	93.10	93.80	94.50	95.20	95.90	96.60	97.30	98.00
0.80	105.60	106.40	107.20	108.00	108.80	109.60	110.40	111.20	112.00
0.90	118.80	119.70	120.60	121.50	122.40	123.30	124.20	125.10	126.00
1.10	145.20	146.30	147.40	148.50	149.60	150.70	151.80	152.90	154.00
1.20	158.40	159.60	160.80	162.00	163.20	164.40	165.60	166.80	168.00
1.30	171.60	172.90	174.20	175.50	176.80	178.10	179.40	180.70	182.00
1.40	184.80	186.20	187.60	189.00	190.40	191.80	193.20	194.60	196.00
1.50	198.00	199.50	201.00	202.50	204.00	205.50	207.00	208.50	210.00
1.60	211.20	212.80	214.40	216.00	217.60	219.20	220.80	222.40	224.00
1.70	224.40	226.10	227.80	229.50	231.20	232.90	234.60	236.30	238.00
1.80	237.60	239.40	241.20	243.00	244.80	246.60	248.40	250.20	252.00
1.90	250.80	252.70	254.60	256.50	258.40	260.30	262.20	264.10	266.00
2.00	264.00	266.00	268.00	270.00	272.00	274.00	276.00	278.00	280.00
2.10	277.20	279.30	281.40	283.50	285.60	287.70	289.80	291.90	294.00
2.30	303.60	305.90	308.20	310.50	312.80	315.10	317.40	319.70	322.00
2.40	316.80	319.20	321.60	324.00	326.40	328.80	331.20	333.60	336.00
2.70	356.40	359.10	361.80	364.50	367.20	369.90	372.60	375.30	378.00
3.00	396.00	399.00	402.00	405.00	408.00	411.00	414.00	417.00	420.00
0.12	15.84	15.96	16.08	16.20	16.32	16.44	16.56	16.68	16.80
2.25	297.00	299.25	301.50	303.75	306.00	308.25	310.50	312.75	315.00

	Nombre de jours.								
SOLDE PAR JOUR	141	142	143	144	145	146	147	148	149
	FRANCS. CENTIMES.	FRANCS. CENTIMES.	FRANCS. CENTIMES.	FRANCS. CENTIMES.	FRANCS. CENTIMES.	FRANCS. CENTIMES.	FRANCS. CENTIMES.	FRANCS. CENTIMES.	FRANCS. CENTIMES.
0.07	9.87	9.94	10.01	10.08	10.15	10.22	10.29	10.36	10.43
0.15	21.15	21.30	21.45	21.60	21.75	21.90	22.05	22.20	22.35
0.20	28.20	28.40	28.60	28.80	29.00	29.20	29.40	29.60	29.80
0.25	35.25	35.50	35.75	36.00	36.25	36.50	36.75	37.00	37.25
0.30	42.30	42.60	42.90	43.20	43.50	43.80	44.10	44.40	44.70
0.35	49.35	49.70	50.05	50.40	50.75	51.10	51.45	51.80	52.15
0.40	56.40	56.80	57.20	57.60	58.00	58.40	58.80	59.20	59.60
0.50	70.50	71.00	71.50	72.00	72.50	73.00	73.50	74.00	74.50
0.60	84.60	85.20	85.80	86.40	87.00	87.60	88.20	88.80	89.40
0.65	91.65	92.30	92.95	93.60	94.25	94.90	95.55	96.20	96.85
0.70	98.70	99.40	100.10	100.80	101.50	102.20	102.90	103.60	104.30
0.80	112.80	113.60	114.40	115.20	116.00	116.80	117.60	118.40	119.20
0.90	126.90	127.80	128.70	129.60	130.50	131.40	132.30	133.20	134.10
1.10	155.10	156.20	157.30	158.40	159.50	160.60	161.70	162.80	163.90
1.20	169.20	170.40	171.60	172.80	174.00	175.20	176.40	177.60	178.80
1.30	183.30	184.60	185.90	187.20	188.50	189.80	191.10	192.40	193.70
1.40	197.40	198.80	200.20	201.60	203.00	204.40	205.80	207.20	208.60
1.50	211.50	213.00	214.50	216.00	217.50	219.00	220.50	222.00	223.50
1.60	225.60	227.20	228.80	230.40	232.00	233.60	235.20	236.80	238.40
1.70	239.70	241.40	243.10	244.80	246.50	248.20	249.90	251.60	253.30
1.80	253.80	255.60	257.40	259.20	261.00	262.80	264.60	266.40	268.20
1.90	267.90	269.80	271.70	273.60	275.50	277.40	279.30	281.20	283.10
2.00	282.00	284.00	286.00	288.00	290.00	292.00	294.00	296.00	298.00
2.10	296.10	298.20	300.30	302.40	304.50	306.60	308.70	310.80	312.90
2.30	324.30	326.60	328.90	331.20	333.50	335.80	338.10	340.40	342.70
2.40	338.40	340.80	343.20	345.60	348.00	350.40	352.80	355.20	357.60
2.70	380.70	383.40	386.10	388.80	391.50	394.20	396.90	399.60	402.30
3.00	425.00	426.00	429.00	432.00	435.00	438.00	441.00	444.00	447.00
0.12	16.92	17.04	17.16	17.28	17.40	17.52	17.64	17.76	17.88
2.25	317.25	319.50	321.75	324.00	326.25	328.50	330.75	333.00	335.25

	Nombre de jours.																	
	150		**151**		**152**		**153**		**154**		**155**		**156**		**157**		**158**	
SOLDE PAR JOUR	FRANCS.	CENTIMES.	FRANCS.	CENTIMES.	FRANCS.	CENTIMES.	FRANCS.	CENTIMES.	FRANCS.	CENTIMES.	FRANCS.	CENTIMES.	FRANCS.	CENTIMES.	FRANCS.	CENTIMES.	FRANCS.	CENTIMES.
0,07	10.50		10.57		10.64		10.71		10.78		10.85		10.92		10.99		11.06	
0,15	22.50		22.65		22.80		22.95		23.10		23.25		23.40		23.55		23.70	
0,20	30.00		30.20		30.40		30.60		30.80		31.00		31.20		31.40		31.60	
0,25	37.50		37.75		38.00		38.25		38.50		38.75		39.00		39.25		39.50	
0,30	45.00		45.30		45.60		45.90		46.20		46.50		46.80		47.10		47.40	
0,35	52.50		52.85		53.20		53.55		53.90		54.25		54.60		54.95		55.30	
0,40	60.00		60.40		60.80		61.20		61.60		62.00		62.40		62.80		63.20	
0,50	75.00		75.50		76.00		76.50		77.00		77.50		78.00		78.50		79.00	
0,60	90.00		90.60		91.20		91.80		92.40		93.00		93.60		94.20		94.80	
0,65	97.50		98.15		98.80		99.45		100.10		100.75		101.40		102.05		102.70	
0,70	105.00		105.70		106.40		107.10		107.80		108.50		109.20		109.90		110.60	
0,80	120.00		120.80		121.60		122.40		123.20		124.00		124.80		125.60		126.40	
0,90	135.00		135.90		136.80		137.70		138.60		139.50		140.40		141.30		142.20	
1,10	165.00		166.10		167.20		168.30		169.40		170.50		171.60		172.70		173.80	
1,20	180.00		181.20		182.40		183.60		184.80		186.00		187.20		188.40		189.60	
1,30	195.00		196.30		197.60		198.90		200.20		201.50		202.80		204.10		205.40	
1,40	210.00		211.40		212.80		214.20		215.60		217.00		218.40		219.80		221.20	
1,50	225.00		226.50		228.00		229.50		231.00		232.50		234.00		235.50		237.00	
1,60	240.00		241.60		243.20		244.80		246.40		248.00		249.60		251.20		252.80	
1,70	255.00		256.70		258.40		260.10		261.80		263.50		265.20		266.90		268.60	
1,80	270.00		271.80		273.60		275.40		277.20		279.00		280.80		282.60		284.40	
1,90	285.00		286.90		288.80		290.70		292.60		294.50		296.40		298.30		300.20	
2,00	300.00		302.00		304.00		306.00		308.00		310.00		312.00		314.00		316.00	
2,10	315.00		317.10		319.20		321.30		323.40		325.50		327.60		329.70		331.80	
2,30	345.00		347.30		349.60		351.90		354.20		356.50		358.80		361.10		363.40	
2,40	360.00		362.40		364.80		367.20		369.60		372.00		374.40		376.80		379.20	
2,70	405.00		407.70		410.40		413.10		415.80		418.50		421.20		423.90		426.60	
3,00	450.00		453.00		456.00		459.00		462.00		465.00		468.00		471.00		474.00	
0,12	18.00		18.12		18.24		18.36		18.48		18.60		18.72		18.84		18.96	
2,25	337.50		339.75		342.00		344.25		346.50		348.75		351.00		353.25		355.50	

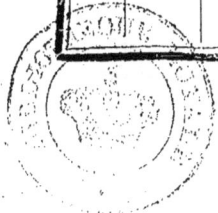

Nombre de jours.

SOLDE PAR JOUR	159	160	161	162	163	164	165	166	167
0.07	11.13	11.20	11.27	11.34	11.41	11.48	11.55	11.62	11.69
0.15	23.85	24.00	24.15	24.30	24.45	24.60	24.75	24.90	25.05
0.20	31.80	32.00	32.20	32.40	32.60	32.80	33.00	33.20	33.40
0.25	39.75	40.00	40.25	40.50	40.75	41.00	41.25	41.50	41.75
0.30	47.70	48.00	48.30	48.60	48.90	49.20	49.50	49.80	50.10
0.35	55.65	56.00	56.35	56.70	57.05	57.40	57.75	58.10	58.45
0.40	63.60	64.00	64.40	64.80	65.20	65.60	66.00	66.40	66.80
0.50	79.50	80.00	80.50	81.00	81.50	82.00	82.50	83.00	83.50
0.60	95.40	96.00	96.60	97.20	97.80	98.40	99.00	99.60	100.20
0.65	103.35	104.00	104.65	105.30	105.95	106.60	107.25	107.90	108.55
0.70	111.30	112.00	112.70	113.40	114.10	114.80	115.50	116.20	116.90
0.80	127.20	128.00	128.80	129.60	130.40	131.20	132.00	132.80	133.60
0.90	143.10	144.00	144.90	145.80	146.70	147.60	148.50	149.40	150.30
1.10	174.90	176.00	177.10	178.20	179.30	180.40	181.50	182.60	183.70
1.20	190.80	192.00	193.20	194.40	195.60	196.80	198.00	199.20	200.40
1.30	206.70	208.00	209.30	210.60	211.90	213.20	214.50	215.80	217.10
1.40	222.60	224.00	225.40	226.80	228.20	229.60	231.00	232.40	233.80
1.50	238.50	240.00	241.50	243.00	244.50	246.00	247.50	249.00	250.50
1.60	254.40	256.00	257.60	259.20	260.80	262.40	264.00	265.60	267.20
1.70	270.30	272.00	273.70	275.40	277.10	278.80	280.50	282.20	283.90
1.80	286.20	288.00	289.80	291.60	293.40	295.20	297.00	298.80	300.60
1.90	302.10	304.00	305.90	307.80	309.70	311.60	313.50	315.40	317.30
2.00	318.00	320.00	322.00	324.00	326.00	328.00	330.00	332.00	334.00
2.10	335.90	336.00	338.10	340.20	342.30	344.40	346.50	348.60	350.70
2.30	365.70	368.00	370.30	372.60	374.90	377.20	379.50	381.80	384.10
2.40	381.60	384.00	386.40	388.80	391.20	393.60	396.00	398.40	400.80
2.70	429.30	432.00	434.70	437.40	440.10	442.80	445.50	448.20	450.90
3.00	477.00	480.00	483.00	486.00	489.00	492.00	495.00	498.00	501.00
0.12	19.08	19.20	19.32	19.44	19.56	19.68	19.80	19.92	20.04
2.25	357.75	360.00	362.25	364.50	366.75	369.00	371.25	373.50	375.75

Nombre de jours.

SOLDE PAR JOUR	168 FRANCS. CENTIMES.	169 FRANCS. CENTIMES.	170 FRANCS. CENTIMES.	171 FRANCS. CENTIMES.	172 FRANCS. CENTIMES.	173 FRANCS. CENTIMES.	174 FRANCS. CENTIMES.	175 FRANCS. CENTIMES.	176 FRANCS. CENTIMES.
0.07	11.76	11.83	11.90	11.97	12.04	12.11	12.18	12.25	12.32
0.15	25.20	25.35	25.50	25.65	25.80	25.95	26.10	26.25	26.40
0.20	33.60	33.80	34.00	34.20	34.40	34.60	34.80	35.00	35.20
0.25	42.00	42.25	42.50	42.75	43.00	43.25	43.50	43.75	44.00
0.30	50.40	50.70	51.00	51.30	51.60	51.90	52.20	52.50	52.80
0.35	58.80	59.15	59.50	59.85	60.20	60.55	60.90	61.25	61.60
0.40	67.20	67.60	68.00	68.40	68.80	69.20	69.60	70.00	70.40
0.50	84.00	84.50	85.00	85.50	86.00	86.50	87.00	87.50	88.00
0.60	100.80	101.40	102.00	102.60	103.20	103.80	104.40	105.00	105.60
0.65	109.20	109.85	110.50	111.15	111.80	112.45	113.10	113.75	114.40
0.70	117.60	118.30	119.00	119.70	120.40	121.10	121.80	122.50	123.20
0.80	134.40	135.20	136.00	136.80	137.60	138.40	139.20	140.00	140.80
0.90	151.20	152.10	153.00	153.90	154.80	155.70	156.60	157.50	158.40
1.10	184.80	185.90	187.00	188.10	189.20	190.30	191.40	192.50	193.60
1.20	201.60	202.80	204.00	205.20	206.40	207.60	208.80	210.00	211.20
1.30	218.40	219.70	221.00	222.30	223.60	224.90	226.20	227.50	228.80
1.40	235.20	236.60	238.00	239.40	240.80	242.20	243.60	245.00	246.40
1.50	252.00	253.50	255.00	256.50	258.00	259.50	261.00	262.50	264.00
1.60	268.80	270.40	272.00	273.60	275.20	276.80	278.40	280.00	281.60
1.70	285.60	287.30	289.00	290.70	292.40	294.10	295.80	297.50	299.20
1.80	302.40	304.20	306.00	307.80	309.60	311.40	313.20	315.00	316.80
1.90	319.20	321.10	323.00	324.90	326.80	328.70	330.60	332.50	334.40
2.00	336.00	338.00	340.00	342.00	344.00	346.90	348.00	350.00	352.00
2.10	352.80	354.90	357.00	359.10	361.20	363.30	365.40	367.50	369.60
2.30	386.40	388.70	391.00	393.30	395.60	397.90	400.20	402.50	404.80
2.40	403.20	405.60	408.00	410.40	412.80	415.20	417.60	420.00	422.40
2.70	453.60	456.30	459.00	461.70	464.40	467.10	469.80	472.50	475.20
3.00	504.00	507.00	510.00	513.00	516.00	519.00	522.00	525.00	528.00
0.12	20.16	20.28	20.40	20.52	20.64	20.76	20.88	21.00	21.12
2.25	578.00	580.25	382.50	384.75	387.00	389.25	391.50	393.75	396.00

SOLDE PAR JOUR	Nombre de jours.								
	177	178	179	180	181	182	183	184	185
	FRANCS. CENTIMES.	FRANCS. CENTIMES.	FRANCS. CENTIMES.	FRANCS. CENTIMES.	FRANCS. CENTIMES.	FRANCS. CENTIMES.	FRANCS. CENTIMES.	FRANCS. CENTIMES.	FRANCS. CENTIMES.
0,07	12.39	12.46	12.53	12.60	12.67	12.74	12.81	12.88	12.95
0,15	26.55	26.70	26.85	27.00	27.15	27.30	27.45	27.60	27.75
0,20	35.40	35.60	35.80	36.00	36.20	36.40	36.60	36.80	37.00
0,25	44.25	44.50	44.75	45.00	45.25	45.50	45.75	46.00	46.25
0,30	53.10	53.40	53.70	54.00	54.30	54.60	54.90	55.20	55.50
0,35	61.95	62.30	62.65	63.00	63.35	63.70	64.05	64.40	64.75
0,40	70.80	71.20	71.60	72.00	72.40	72.80	73.20	73.60	74.00
0,50	88.50	89.00	89.50	90.00	90.50	91.00	91.50	92.00	92.50
0,60	106.20	106.80	107.40	108.00	108.60	109.20	109.80	110.40	111.00
0,65	115.05	115.70	116.35	117.00	117.65	118.30	118.95	119.60	120.25
0,70	123.90	124.60	125.30	126.00	126.70	127.40	128.10	128.80	129.50
0,80	141.60	142.40	143.20	144.00	144.80	145.60	146.40	147.20	148.00
0,90	159.30	160.20	161.10	162.00	162.90	163.80	164.70	165.60	166.50
1,10	194.70	195.80	196.90	198.00	199.10	200.20	201.30	202.40	203.50
1,20	212.40	213.60	214.80	216.00	217.20	218.40	219.60	220.80	222.00
1,30	230.10	231.40	232.70	234.00	235.30	236.60	237.90	239.20	240.50
1,40	247.80	249.20	250.60	252.00	253.40	254.80	256.20	257.60	259.00
1,50	265.50	267.00	268.50	270.00	271.50	273.00	274.50	276.00	277.50
1,60	283.20	284.80	286.40	288.00	289.60	291.20	292.80	294.40	296.00
1,70	300.90	302.60	304.30	306.00	307.70	309.40	311.10	312.80	314.50
1,80	318.60	320.40	322.20	324.00	325.80	327.60	329.40	331.20	333.00
1,90	336.30	338.20	340.10	342.00	343.90	345.80	347.70	349.60	351.50
2,00	354.00	356.00	358.00	360.00	362.00	364.00	366.00	368.00	370.00
2,10	371.70	373.80	375.90	378.00	380.10	382.20	384.30	386.40	388.50
2,30	407.10	409.40	411.70	414.00	416.30	418.60	420.90	423.20	425.50
2,40	424.80	427.20	429.60	432.00	434.40	436.80	439.20	441.60	444.00
2,70	477.90	480.60	483.30	486.00	488.70	491.40	494.10	496.80	499.50
3,00	531.00	534.00	537.00	540.00	543.00	546.00	549.00	552.00	555.00
0,12	21.24	21.36	21.48	21.60	21.72	21.84	21.96	22.08	22.20
2,25	398.25	400.50	402.75	405.00	407.25	409.50	411.75	414.00	416.25

Nombre de jours.

SOLDE PAR JOUR	186 FRANCS.	CENTIMES.	187 FRANCS.	CENTIMES.	188 FRANCS.	CENTIMES.	189 FRANCS.	CENTIMES.	190 FRANCS.	CENTIMES.	191 FRANCS.	CENTIMES.	192 FRANCS.	CENTIMES.	193 FRANCS.	CENTIMES.	194 FRANCS.	CENTIMES.
0.07	13.02		13.09		13.16		13.23		13.30		13.37		13.44		13.51		13.58	
0.15	27.90		28.05		28.20		28.35		28.50		28.65		28.80		28.95		29.10	
0.20	37.20		37.40		37.60		37.80		38.00		38.20		38.40		38.60		38.80	
0.25	46.50		46.75		47.00		47.25		47.50		47.75		48.00		48.25		48.50	
0.30	55.80		56.10		56.40		56.70		57.00		57.30		57.60		57.90		58.20	
0.35	65.10		65.45		65.80		66.15		66.50		66.85		67.20		67.55		67.90	
0.40	74.40		74.80		75.20		75.60		76.00		76.40		76.80		77.20		77.60	
0.50	93.00		93.50		94.00		94.50		95.00		95.50		96.00		96.50		97.00	
0.60	111.60		112.20		112.80		113.40		114.00		114.60		115.20		115.80		116.40	
0.65	120.90		121.55		122.20		122.85		123.50		124.15		124.80		125.45		126.10	
0.70	130.20		130.90		131.60		132.30		133.00		133.70		134.40		135.10		135.80	
0.80	148.80		149.60		150.40		151.20		152.00		152.80		153.60		154.40		155.20	
0.90	167.40		168.30		169.20		170.10		171.00		171.90		172.80		173.70		174.60	
1.10	204.60		205.70		206.80		207.90		209.00		210.10		211.20		212.30		213.40	
1.20	223.20		224.40		225.60		226.80		228.00		229.20		230.40		231.60		232.80	
1.30	241.80		243.10		244.40		245.70		247.00		248.30		249.60		250.90		252.20	
1.40	260.40		261.80		263.20		264.60		266.00		267.40		268.80		270.20		271.60	
1.50	279.00		280.50		282.00		283.50		285.00		286.50		288.00		289.50		291.00	
1.60	297.60		299.20		300.80		302.40		304.00		305.60		307.20		308.80		310.40	
1.70	316.20		317.90		319.60		321.30		323.00		324.70		326.40		328.10		329.80	
1.80	334.80		336.60		338.40		340.20		342.00		343.80		345.60		347.40		349.20	
1.90	353.40		355.30		357.20		359.10		361.00		362.90		364.80		366.70		368.60	
2.00	372.00		374.00		376.00		378.00		380.00		382.00		384.00		386.00		388.00	
2.10	390.60		392.70		394.80		396.90		399.00		401.10		403.20		405.30		407.40	
2.30	427.80		430.10		432.40		434.70		437.00		439.30		441.60		443.90		446.20	
2.40	446.40		448.80		451.20		453.60		456.00		458.40		460.80		463.20		465.60	
2.70	502.20		504.90		507.60		510.30		513.00		515.70		518.40		521.10		523.80	
3.00	558.00		561.00		564.00		567.00		570.00		573.00		576.00		579.00		582.00	
0.12	22.32		22.44		22.56		22.68		22.80		22.92		23.04		23.16		23.28	
2 25	418.50		420.75		423.00		425.25		427.50		429.75		432.00		434.25		436.50	

Nombre de jours.

SOLDE PAR JOUR	195	196	197	198	199	200	201	202	203
0.07	13.65	13.72	13.79	13.86	13.93	14.00	14.07	14.14	14.21
0.15	29.25	29.40	29.55	29.70	29.85	30.00	30.15	30.30	30.45
0.20	39.00	39.20	39.40	39.60	39.80	40.00	40.20	40.40	40.60
0.25	48.75	49.00	49.25	49.50	49.75	50.00	50.25	50.50	50.75
0.30	58.50	58.80	59.10	59.40	59.70	60.00	60.30	60.60	60.90
0.35	68.25	68.60	68.95	69.30	69.65	70.00	70.35	70.70	71.05
0.40	78.00	78.40	78.80	79.20	79.60	80.00	80.40	80.80	81.20
0.50	97.50	98.00	98.50	99.00	99.50	100.00	100.50	101.00	101.50
0.60	117.00	117.60	118.20	118.80	119.40	120.00	120.60	121.20	121.80
0.65	126.75	127.40	128.05	128.70	129.35	130.00	130.65	131.30	131.95
0.70	136.50	137.20	137.90	138.60	139.30	140.00	140.70	141.40	142.10
0.80	156.00	156.80	157.60	158.40	159.20	160.00	160.80	161.60	162.40
0.90	175.50	176.40	177.30	178.20	179.10	180.00	180.90	181.80	182.70
1.10	214.50	215.60	216.70	217.80	218.90	220.00	221.10	222.20	223.30
1.20	234.00	235.20	236.40	237.60	238.80	240.00	241.20	242.40	243.60
1.30	253.50	254.80	256.10	257.40	258.70	260.00	261.30	262.60	263.90
1.40	273.00	274.40	275.80	277.20	278.60	280.00	281.40	282.80	284.20
1.50	292.50	294.00	295.50	297.00	298.50	300.00	301.50	303.00	304.50
1.60	312.00	313.60	315.20	316.80	318.40	320.00	321.60	323.20	324.80
1.70	331.50	333.20	334.90	336.60	338.30	340.00	341.70	343.40	345.10
1.80	351.00	352.80	354.60	356.40	358.20	360.00	361.80	363.60	365.40
1.90	370.50	372.40	374.30	376.20	378.10	380.00	381.90	383.80	385.70
2.00	390.00	392.00	394.00	396.00	398.00	400.00	402.00	404.00	406.00
2.10	409.50	411.60	413.70	415.80	417.90	420.00	422.10	424.20	426.30
2.30	448.50	450.80	453.10	455.40	457.70	460.00	462.30	464.60	466.90
2.40	468.00	470.40	472.80	475.20	477.60	480.00	482.40	484.80	487.20
2.70	526.50	529.20	531.90	534.60	537.30	540.00	542.70	545.40	548.10
3.00	585.00	588.00	591.00	594.00	597.00	600.00	603.00	606.00	609.00
0.12	23.40	23.52	23.64	23.76	23.88	24.00	24.12	24.24	24.36
2.25	438.75	441.00	443.25	445.50	447.75	450.00	452.25	454.50	456.75

Nombre de jours.

SALAIRE PAR JOUR.	204		205		206		207		208		209		210		211		212	
	FRANCS.	CENTIMES.	FRANCS.	CENTIMES.	FRANCS.	CENTIMES.	FRANCS.	CENTIMES.	FRANCS.	CENTIMES.	FRANCS.	CENTIMES.	FRANCS.	CENTIMES.	FRANCS.	CENTIMES.	FRANCS.	CENTIMES.
0.07	14.28		14.35		14.42		14.49		14.56		14.63		14.70		14.77		14.84	
0.15	30.60		30.75		30.90		31.05		31.20		31.35		31.50		31.65		31.80	
0.20	40.80		41.00		41.20		41.40		41.60		41.80		42.00		42.20		42.40	
0.25	51.00		51.25		51.50		51.75		52.00		52.25		52.50		52.75		53.00	
0.30	61.20		61.50		61.80		62.10		62.40		62.70		63.00		63.30		63.60	
0.35	71.40		71.75		72.10		72.45		72.80		73.15		73.50		73.85		74.20	
0.40	81.60		82.00		82.40		82.80		83.20		83.60		84.00		84.40		84.80	
0.50	102.00		102.50		103.00		103.50		104.00		104.50		105.00		105.50		106.00	
0.60	122.40		123.00		123.60		124.20		124.80		125.40		126.00		126.60		127.20	
0.65	132.60		133.25		133.90		134.55		135.20		135.85		136.50		137.15		137.80	
0.70	142.80		143.50		144.20		144.90		145.60		146.30		147.00		147.70		148.40	
0.80	163.20		164.00		164.80		165.60		166.40		167.20		168.00		168.80		169.60	
0.90	183.60		184.50		185.40		186.30		187.20		188.10		189.00		189.90		190.80	
1.10	224.40		225.50		226.60		227.70		228.80		229.90		231.00		232.10		233.20	
1.20	244.80		246.00		247.20		248.40		249.60		250.80		252.00		253.20		254.40	
1.30	265.20		266.50		267.80		269.10		270.40		271.70		273.00		274.30		275.60	
1.40	285.60		287.00		288.40		289.80		291.20		292.60		294.00		295.40		296.80	
1.50	306.00		307.50		309.00		310.50		312.00		313.50		315.00		316.50		318.00	
1.60	326.40		328.00		329.60		331.20		332.80		334.40		336.00		337.60		339.20	
1.70	346.80		348.50		350.20		351.90		353.60		355.30		357.00		358.70		360.40	
1.80	367.20		369.00		370.80		372.60		374.40		376.20		378.00		379.80		381.60	
1.90	387.60		389.50		391.40		393.30		395.20		397.10		399.00		400.90		402.80	
2.00	408.00		410.00		412.00		414.00		416.00		418.00		420.00		422.00		424.00	
2.10	428.40		430.50		432.60		434.70		436.80		438.90		441.00		443.10		445.20	
2.30	469.20		471.50		473.80		476.10		478.40		480.70		483.00		485.30		487.60	
2.40	489.60		492.00		494.40		496.80		499.20		501.60		504.00		506.40		508.80	
2.70	550.80		553.50		556.20		558.90		561.60		564.30		567.00		569.70		572.40	
3.00	612.00		615.00		618.00		621.00		624.00		627.00		630.00		633.00		636.00	
0.12	24.48		24.60		24.72		24.84		24.96		25.08		25.20		25.32		25.44	
2.25	459.00		461.25		463.50		465.75		468.00		470.25		472.50		474.75		477.00	

Nombre de jours.

SOLDE PAR JOUR	213	214	215	216	217	218	219	220	221
0.07	14.91	14.98	15.05	15.12	15.19	15.26	15.33	15.40	15.47
0.15	31.95	32.10	32.25	32.40	32.55	32.70	32.85	33.00	33.15
0.20	42.60	42.80	43.00	43.20	43.40	43.60	43.80	44.00	44.20
0.25	53.25	53.50	53.75	54.00	54.25	54.50	54.75	55.00	55.25
0.30	63.90	64.20	64.50	64.80	65.10	65.40	65.70	66.00	66.30
0.35	74.55	74.90	75.25	75.60	75.95	76.30	76.65	77.00	77.35
0.40	85.20	85.60	86.00	86.40	86.80	87.20	87.60	88.00	88.40
0.50	106.50	107.00	107.50	108.00	108.50	109.00	109.50	110.00	110.50
0.60	127.80	128.40	129.00	129.60	130.20	130.80	131.40	132.00	132.60
0.65	138.45	139.10	139.75	140.40	141.05	141.70	142.35	143.00	143.65
0.70	149.10	149.80	150.50	151.20	151.90	152.60	153.30	154.00	154.70
0.80	170.40	171.20	172.00	172.80	173.60	174.40	175.20	176.00	176.80
0.90	191.70	192.60	193.50	194.40	195.30	196.20	197.10	198.00	198.90
1.10	234.30	235.40	236.50	237.60	238.70	239.80	240.90	242.00	243.10
1.20	255.60	256.80	258.00	259.20	260.40	261.60	262.80	264.00	265.20
1.30	276.90	278.20	279.50	280.80	282.10	283.40	284.70	286.00	287.30
1.40	298.20	299.60	301.00	302.40	303.80	305.20	306.60	308.00	309.40
1.50	319.50	321.00	322.50	324.00	325.50	327.00	328.50	330.00	331.50
1.60	340.80	342.40	344.00	345.60	347.20	348.80	350.40	352.00	353.60
1.70	362.10	363.80	365.50	367.20	368.90	370.60	372.30	374.00	375.70
1.80	383.40	385.20	387.00	388.80	390.60	392.40	394.20	396.00	397.80
1.90	404.70	406.60	408.50	410.40	412.30	414.20	416.10	418.00	419.90
2.00	426.00	428.00	430.00	432.00	434.00	436.00	438.00	440.00	442.00
2.10	447.30	449.40	451.50	453.60	455.70	457.80	459.90	462.00	464.10
2.30	489.90	492.20	494.50	496.80	499.10	501.40	503.70	506.00	508.30
2.40	511.20	513.60	516.00	518.40	520.80	523.20	525.60	528.00	530.40
2.70	575.10	577.80	580.50	583.20	585.90	588.60	591.30	594.00	596.70
3.00	639.00	642.00	645.00	648.00	651.00	654.00	657.00	660.00	663.00
0.12	25.56	25.68	25.80	25.92	26.04	26.16	26.28	26.40	26.52
2.25	479.25	481.50	483.75	486.00	488.25	490.50	492.75	495.00	497.25

Nombre de jours.

SOLDE PAR JOUR	222		223		224		225		226		227		228		229		230	
	FRANCS.	CENTIMES.	FRANCS.	CENTIMES.	FRANCS.	CENTIMES.	FRANCS.	CENTIMES.	FRANCS.	CENTIMES.	FRANCS.	CENTIMES.	FRANCS.	CENTIMES.	FRANCS.	CENTIMES.	FRANCS.	CENTIMES.
0.07	15.54		15.64		15.68		15.75		15.82		15.89		15.96		16.03		16.10	
0.15	33.30		33.45		33.60		33.75		33.90		34.05		34.20		34.35		34.50	
0.20	44.40		44.60		44.80		45.00		45.20		45.40		45.60		45.80		46.00	
0.25	55.50		55.75		56.00		56.25		56.50		56.75		57.00		57.25		57.50	
0.30	66.60		66.90		67.20		67.50		67.80		68.10		68.40		78.70		69.00	
0.35	77.70		78.05		78.40		78.75		79.10		79.45		79.80		80.15		80.50	
0.40	88.80		89.20		89.60		90.00		90.40		90.80		91.20		91.60		92.00	
0.50	111.00		111.50		112.00		112.50		113.00		113.50		114.00		114.50		115.00	
0.60	133.20		133.80		134.40		135.00		135.60		136.20		136.80		137.40		138.00	
0.65	144.30		144.95		145.60		146.25		146.90		147.55		148.20		148.85		149.50	
0.70	155.40		156.10		156.80		157.50		158.20		158.90		159.60		160.30		161.00	
0.80	177.60		178.40		179.20		180.00		180.80		181.60		182.40		183.20		184.00	
0.90	199.80		200.70		201.60		202.50		203.40		204.30		205.20		206.10		207.00	
1.10	244.20		245.30		246.40		247.50		248.60		249.70		250.80		251.90		253.00	
1.20	266.40		267.60		268.80		270.00		271.20		272.40		273.60		274.80		276.00	
1.30	288.60		289.90		291.20		292.50		293.80		295.10		296.40		297.70		299.00	
1.40	310.80		312.20		313.60		315.00		316.40		317.80		319.20		320.60		322.00	
1.50	333.00		334.50		336.00		337.50		339.00		340.50		342.00		343.50		345.00	
1.60	355.20		356.80		358.40		360.00		361.60		363.20		364.80		366.40		368.00	
1.70	377.40		379.10		380.80		382.50		384.20		385.90		387.60		389.30		291.00	
1.80	399.60		401.40		403.20		405.00		406.80		408.60		410.40		412.20		414.00	
1.90	421.80		423.70		425.60		427.50		429.40		431.30		433.20		435.10		437.00	
2.00	444.00		446.00		448.00		450.00		452.00		454.00		456.00		458.00		460.00	
2.10	466.20		468.30		470.40		472.50		474.60		476.70		478.80		480.90		483.00	
2.30	510.60		512.90		515.20		517.50		519.80		522.10		524.40		526.70		529.00	
2.40	532.80		535.20		537.60		540.00		542.40		544.80		547.20		549.60		552.00	
2.70	599.40		602.10		604.80		607.50		610.20		612.90		615.60		618.30		621.00	
3.00	666.00		669.00		672.00		675.00		678.00		681.00		684.00		687.00		690.00	
0.12	26.64		26.76		26.88		27.00		27.12		27.24		27.36		27.48		27.60	
2.25	499.50		501.75		504.00		506.25		508.50		510.75		513.00		515.25		517.50	

Nombre de jours.

SOLDE PAR JOUR	251	232	233	234	235	236	237	238	239
0.07	16.17	16.24	16.31	16.38	16.45	16.52	16.59	16.66	16.73
0.15	34.65	34.80	34.95	35.10	35.25	35.40	35.55	35.70	35.85
0.20	46.20	46.40	46.60	46.80	47.00	47.20	47.40	47.60	47.80
0.25	57.75	58.00	58.25	58.50	58.75	59.00	59.25	59.50	59.75
0.30	69.30	69.60	69.90	70.20	70.50	70.80	71.10	71.40	71.70
0.35	80.85	81.20	81.55	81.90	82.25	82.60	82.95	83.30	83.65
0.40	92.40	92.80	93.20	93.60	94.00	94.40	94.80	95.20	95.60
0.50	115.50	116.00	116.50	117.00	117.50	118.00	118.50	119.00	119.50
0.60	138.60	139.20	139.80	140.40	141.00	141.60	142.20	142.80	143.40
0.65	150.15	150.80	151.45	152.10	152.75	153.40	154.05	154.70	155.35
0.70	161.70	162.40	163.10	163.80	164.50	165.20	165.90	166.60	167.30
0.80	184.80	185.60	186.40	187.20	188.00	188.80	189.60	190.40	194.20
0.90	207.90	208.80	209.70	210.60	211.50	212.40	213.30	214.20	215.10
1.10	254.10	255.20	256.30	257.40	258.50	259.60	260.70	261.80	262.90
1.20	277.20	278.40	279.60	280.80	282.00	283.20	284.40	285.60	286.80
1.30	300.30	301.60	302.90	304.20	305.50	306.80	308.10	309.40	310.70
1.40	323.40	324.80	326.20	327.60	329.00	330.40	331.80	333.20	334.60
1.50	346.50	348.00	349.50	351.00	352.50	354.00	355.50	357.00	358.50
1.60	369.60	371.20	372.80	374.40	376.00	377.60	379.20	380.80	382.40
1.70	392.70	394.40	396.10	397.80	399.50	401.20	402.90	404.60	406.30
1.80	415.80	417.60	419.40	421.20	423.00	424.80	426.60	428.40	430.20
1.90	438.90	440.80	442.70	444.60	446.50	448.40	450.30	452.20	454.10
2.00	462.00	464.00	466.00	468.00	470.00	472.00	474.00	476.00	478.00
2.10	485.10	487.20	489.30	491.40	493.50	495.60	497.70	499.80	501.90
2.30	531.30	533.60	535.90	538.20	540.50	542.80	545.10	547.40	549.70
2.40	554.40	556.80	559.20	561.60	564.00	566.40	568.80	571.20	573.60
2.70	623.70	626.40	629.10	631.80	634.50	637.20	639.90	642.60	645.30
3.00	693.00	696.00	699.00	702.00	705.00	708.00	711.00	714.00	717.00
0.12	27.72	27.84	27.96	28.08	28.20	28.32	28.44	28.56	28.68
2.25	549.75	522.00	524.25	526.50	528.75	531.00	533.25	535.50	537.75

Nombre de jours.

SOLDE PAR JOUR	240 FRANCS. CENTIMES.	241 FRANCS. CENTIMES.	242 FRANCS. CENTIMES.	243 FRANCS. CENTIMES.	244 FRANCS. CENTIMES.	245 FRANCS. CENTIMES.	246 FRANCS. CENTIMES.	247 FRANCS. CENTIMES.	248 FRANCS. CENTIMES.
0.07	16.80	16.87	16.94	17.01	17.08	17.15	17.22	17.29	17.36
0.15	36.00	36.15	36.30	36.45	36.60	36.75	36.90	37.05	37.20
0.20	48.00	48.20	48.40	48.60	48.80	49.00	49.20	49.40	49.60
0.25	60.00	60.25	60.50	60.75	61.00	61.25	61.50	61.75	62.00
0.30	72.00	72.30	72.60	72.90	73.20	73.50	73.80	74.10	74.40
0.35	84.00	84.35	84.70	85.05	85.40	85.75	86.10	86.45	86.80
0.40	96.00	96.40	96.80	97.20	97.60	98.00	98.40	98.80	99.20
0.50	120.00	120.50	121.00	121.50	122.00	122.50	123.00	123.50	124.00
0.60	144.00	144.60	145.20	145.80	146.40	147.00	147.60	148.20	148.80
0.65	156.00	156.65	157.30	157.95	158.60	159.25	159.90	160.55	161.20
0.70	168.00	168.70	169.40	170.10	170.80	171.50	172.20	172.90	173.60
0.80	192.00	192.80	193.60	194.40	195.20	196.00	196.80	197.60	198.40
0.90	216.00	216.90	217.80	218.70	219.60	220.50	221.40	222.30	223.20
1.10	264.00	265.10	266.20	267.30	268.40	269.50	270.60	271.70	272.80
1.20	288.00	289.20	290.40	291.60	292.80	294.00	295.20	296.40	297.60
1.30	312.00	313.30	314.60	315.90	317.20	318.50	319.80	321.10	322.40
1.40	336.00	337.40	338.80	340.20	341.60	343.00	344.40	345.80	347.20
1.50	360.00	361.50	363.00	364.50	366.00	367.50	369.00	370.50	372.00
1.60	384.00	385.60	387.20	388.80	390.40	392.00	393.60	395.20	396.80
1.70	408.00	409.70	411.40	413.10	414.80	416.50	418.20	419.90	421.60
1.80	432.00	433.80	435.60	437.40	439.20	441.00	442.80	444.60	446.40
1.90	456.00	457.90	459.80	461.70	463.60	465.50	467.40	469.30	471.20
2.00	480.00	482.00	484.00	486.00	488.00	490.00	492.00	494.00	496.00
2.10	504.00	506.10	508.20	510.30	512.40	514.50	516.60	518.70	520.80
2.30	552.00	554.30	556.60	558.90	561.20	563.50	565.80	568.10	570.40
2.40	576.00	578.40	580.80	583.20	585.60	588.00	590.40	592.80	595.20
2.70	648.00	650.70	653.40	656.10	658.80	661.50	664.20	666.90	669.60
3.00	720.00	723.00	726.00	729.00	732.00	735.00	738.00	741.00	744.00
0.12	28.80	28.92	29.04	29.16	29.28	29.40	29.52	29.64	29.76
2.25	540.00	542.25	544.50	546.75	549.00	551.25	553.50	555.75	558.00

Nombre de jours.

SOLDE PAR JOUR	249		250		251		252		253		254		255		256		257	
	FRANCS.	CENTIMES.	FRANCS.	CENTIMES.	FRANCS.	CENTIMES.	FRANCS.	CENTIMES.	FRANCS.	CENTIMES.	FRANCS.	CENTIMES.	FRANCS.	CENTIMES.	FRANCS.	CENTIMES.	FRANCS.	CENTIMES.
0.07	17.43		17.50		17.57		17.64		17.71		17.78		17.85		17.92		17.99	
0.15	37.35		37.50		37.65		37.80		37.95		38.10		38.25		38.40		38.55	
0.20	49.80		50.00		50.20		50.40		50.60		50.80		51.00		51.20		51.40	
0.25	62.25		62.50		62.75		63.00		63.25		63.50		63.75		64.00		64.25	
0.30	74.70		75.00		75.30		75.60		75.90		76.20		76.50		76.80		77.10	
0.35	87.15		87.50		87.85		88.20		88.55		88.90		89.25		89.60		89.95	
0.40	99.60		100.00		100.40		100.80		101.20		101.60		102.00		102.40		102.80	
0.50	124.50		125.00		125.50		126.00		126.50		127.00		127.50		128.00		128.50	
0.60	149.40		150.00		150.60		151.20		151.80		152.40		153.00		153.60		154.20	
0.65	161.85		162.50		163.15		163.80		164.45		165.10		165.75		166.40		167.05	
0.70	174.30		175.00		175.70		176.40		177.10		177.80		178.50		179.20		179.90	
0.80	199.20		200.00		200.80		201.60		202.40		203.20		204.00		204.80		205.60	
0.90	224.10		225.00		225.90		226.80		227.70		228.60		229.50		230.40		231.30	
1.10	273.90		275.00		276.10		277.20		278.30		279.40		280.50		281.60		282.70	
1.20	298.80		300.00		301.20		302.40		303.60		304.80		306.00		307.20		308.40	
1.30	323.70		325.00		326.30		327.60		328.90		330.20		331.50		332.80		334.10	
1.40	348.60		350.00		351.40		352.80		354.20		355.60		357.00		358.40		359.80	
1.50	373.50		375.00		376.50		378.00		379.50		381.00		382.50		384.00		385.50	
1.60	398.40		400.00		401.60		403.20		404.80		406.40		408.00		409.60		411.20	
1.70	423.30		425.00		426.70		428.40		430.10		431.80		433.50		435.20		436.90	
1.80	448.20		450.00		451.80		453.60		455.40		457.20		459.00		460.80		462.60	
1.90	473.10		475.00		476.90		478.80		480.70		482.60		484.50		486.40		488.30	
2.00	498.00		500.00		502.00		504.00		506.00		508.00		510.00		512.00		514.00	
2.10	522.90		525.00		527.10		529.20		531.30		533.40		535.50		537.60		539.70	
2.30	572.70		575.00		577.30		579.60		581.90		584.20		586.50		588.80		591.40	
2.40	597.60		600.00		602.40		604.80		607.20		609.60		612.00		614.40		616.80	
2.70	672.30		675.00		677.70		680.40		683.10		685.80		688.50		691.20		693.90	
3.00	747.00		750.00		753.00		756.00		759.00		762.00		765.00		768.00		774.00	
0.12	29.88		30.00		30.12		30.24		30.36		30.48		30.60		30.72		30.84	
2.25	560.25		562.50		564.75		567.00		569.25		571.50		573.75		576.00		578.25	

	Nombre de jours.																
SOLDE PAR JOUR.	258		259		260		261		262		263		264		265		266	
	FRANCS.	CENTIMES.	FRANCS.	CENTIMES.	FRANCS.	CENTIMES.	FRANCS.	CENTIMES.	FRANCS.	CENTIMES.	FRANCS.	CENTIMES.	FRANCS.	CENTIMES.	FRANCS.	CENTIMES.	FRANCS.	CENTIMES.
0.07	18.06		18.13		18.20		18.27		18.34		18.41		18.48		18.55		18.62	
0.15	38.70		38.85		39.00		39.15		39.50		39.45		39.60		39.75		39.90	
0.20	51.60		51.80		52.00		52.20		52.40		52.60		52.80		53.00		53.20	
0.25	64.50		64.75		65.00		65.25		65.50		65.75		66.00		66.25		66.50	
0.30	77.40		77.70		78.00		78.30		78.60		78.90		79.20		79.50		79.80	
0.35	90.30		90.65		91.00		91.35		91.70		92.05		92.40		92.75		93.10	
0.40	103.20		103.60		104.00		104.40		104.80		105.20		105.60		106.00		106.40	
0.50	129.00		129.50		130.00		130.50		131.00		131.50		132.00		132.50		133.00	
0.60	154.80		155.40		156.00		156.60		157.20		157.80		158.40		159.00		159.60	
0.65	167.70		168.35		169.00		169.65		170.30		170.95		171.60		172.25		172.90	
0.70	180.60		181.30		182.00		182.70		183.40		184.10		184.80		185.50		186.20	
0.80	206.40		207.20		208.00		208.80		209.60		210.40		211.20		212.00		212.80	
0.90	232.20		233.10		234.00		234.90		235.80		236.70		237.60		238.50		239.40	
1.10	283.80		284.90		286.00		287.10		288.20		289.30		290.40		291.50		292.60	
1.20	309.60		310.80		312.00		313.20		314.40		315.60		316.80		318.00		319.20	
1.30	335.40		336.70		338.00		339.30		340.60		341.90		343.20		344.50		345.80	
1.40	361.20		362.60		364.00		365.40		366.80		368.20		369.60		371.00		372.40	
1.50	387.00		388.50		390.00		391.50		393.00		394.50		396.00		597.50		399.00	
1.60	412.80		414.40		416.00		417.60		419.20		420.80		422.40		424.00		425.60	
1.70	438.60		440.30		442.00		443.70		445.40		447.10		448.80		450.50		452.20	
1.80	464.40		466.20		468.00		469.80		471.60		473.40		475.20		477.00		478.80	
1.90	490.20		492.10		494.00		495.90		497.80		499.70		501.60		503.50		505.40	
2.00	516.00		518.00		520.00		522.00		524.00		526.00		528.00		530.00		532.00	
2.10	541.80		543.90		546.00		548.10		550.20		552.30		554.40		556.50		558.60	
2.50	593.40		595.70		598.00		600.30		602.60		604.90		607.20		609.50		611.80	
2.40	619.20		621.60		624.00		626.40		628.80		631.20		633.60		636.00		638.40	
2.70	696.60		699.30		702.00		704.70		707.40		710.10		712.80		715.50		718.20	
3.00	774.00		777.00		780.00		783.00		786.00		789.00		792.00		795.00		798.00	
0.12	30.96		31.08		31.20		31.32		31.44		31.56		31.68		31.80		31.92	
2.25	580	50	582.75		585.00		587.25		589.50		591.75		594.00		596.25		598.50	

	Nombre de jours.								
SOLDE PAR JOUR	267	268	269	270	271	272	273	274	275
	FRANCS. CENTIMES.	FRANCS. CENTIMES.	FRANCS. CENTIMES.	FRANCS. CENTIMES.	FRANCS. CENTIMES.	FRANCS. CENTIMES.	FRANCS. CENTIMES.	FRANCS. CENTIMES.	FRANCS. CENTIMES.
0.07	18.69	18.76	18.83	18.90	18.97	19.04	19.11	19.18	19.25
0.15	40.05	40.20	40.35	40.50	40.65	40.80	40.95	41.10	41.25
0.20	53.40	53.60	53.80	54.00	54.20	54.40	54.60	54.80	55.00
0.25	66.75	67.00	67.25	67.50	67.75	68.00	68.25	68.50	68.75
0.30	80.10	80.40	80.70	81.00	81.30	81.60	81.90	82.20	82.50
0.35	93.45	93.80	94.15	94.50	94.85	95.20	95.55	95.90	96.25
0.40	106.80	107.20	107.60	108.00	108.40	108.80	109.20	109.60	110.00
0.50	133.50	134.00	134.50	135.00	135.50	136.00	136.50	137.00	137.50
0.60	160.20	160.80	161.40	162.00	162.60	163.20	163.80	164.40	165.00
0.65	173.55	174.20	174.85	175.50	176.15	176.80	177.45	178.10	178.75
0.70	186.90	187.60	188.30	189.00	189.70	190.40	191.10	191.80	192.50
0.80	213.60	214.40	215.20	216.00	216.80	217.60	218.40	219.20	220.00
0.90	240.30	241.20	242.10	243.00	243.90	244.80	245.70	246.60	247.50
1.10	295.70	294.80	295.90	297.00	298.10	299.20	300.30	301.40	302.50
1.20	320.40	321.60	322.80	324.00	325.20	326.40	327.60	328.80	330.00
1.30	347.10	348.40	349.70	351.00	352.30	353.60	354.90	356.20	357.50
1.40	373.80	375.20	376.60	378.00	379.40	380.80	382.20	383.60	385.00
1.50	400.50	402.00	403.50	405.00	406.50	408.00	409.50	411.00	412.50
1.60	427.20	428.80	430.40	432.00	433.60	435.20	436.80	438.40	440.00
1.70	453.90	455.60	457.30	459.00	460.70	462.40	464.10	465.80	467.50
1.80	480.60	482.40	484.20	486.00	487.80	489.60	491.40	493.20	495.00
1.90	507.30	509.20	511.10	513.00	514.90	516.80	518.70	520.60	522.50
2.00	534.00	536.00	538.00	540.00	542.00	544.00	546.00	548.00	550.00
2.10	560.70	562.80	564.90	567.00	569.10	571.20	573.30	575.40	577.50
2.30	614.10	616.40	618.70	621.00	623.30	625.60	627.90	630.20	632.50
2.40	640.80	643.20	645.60	648.00	650.40	652.80	655.20	657.60	660.00
2.70	720.90	723.60	726.30	729.00	731.70	734.40	737.10	739.80	742.50
3.00	801.00	804.00	807.00	810.00	813.00	816.00	819.00	822.00	825.00
0.12	32.04	32.16	32.28	32.40	32.52	32.64	32.76	32.88	33.00
2.25	600.75	603.00	605.25	607.50	609.75	612.00	614.25	616.50	618.75

Nombre de jours.																	
	276		277		278		279		280		281		282		283		284
SOLDE PAR JOUR	FRANCS.	CENTIMES.	FRANCS.	CENTIMES.	FRANCS.	CENTIMES.	FRANCS.	CENTIMES.	FRANCS.	CENTIMES.	FRANCS.	CENTIMES.	FRANCS.	CENTIMES.	FRANCS.	CENTIMES.	FRANCS. CENTIMES.
0.07	19.32		19.39		19.46		19.53		19.60		19.67		19.74		19.81		19.88
0.15	41.40		41.55		41.70		41.85		42.00		42.15		42.30		42.45		42.60
0.20	55.20		55.40		55.60		55.80		56.00		56.20		56.40		56.60		56.80
0.25	69.00		69.25		69.50		69.75		70.00		70.25		70.50		70.75		71.00
0.30	82.80		83.10		83.40		83.70		84.00		84.30		84.60		84.90		85.20
0.35	96.60		96.95		97.30		97.65		98.00		98.35		98.70		99.05		99.40
0.40	110.40		110.80		111.20		111.60		112.00		112.40		112.80		113.20		113.60
0.50	138.00		138.50		139.00		139.50		140.00		140.50		141.00		141.50		142.00
0.60	165.60		166.20		166.80		167.40		168.00		168.60		169.20		169.80		170.40
0.65	179.40		180.05		180.70		181.35		182.00		182.65		183.30		183.95		184.60
0.70	193.20		193.90		194.60		195.30		196.00		196.70		197.40		198.10		198.80
0.80	220.80		221.60		222.40		223.20		224.00		224.80		225.60		226.40		227.20
0.90	248.40		249.30		250.20		251.10		252.00		252.90		253.80		254.70		255.60
1.10	303.60		304.70		305.80		306.90		308.00		309.10		310.20		311.30		312.40
1.20	331.20		332.40		333.60		334.80		336.00		337.20		338.40		339.60		340.80
1.30	358.80		360.10		361.40		362.70		364.00		365.30		366.60		367.90		369.20
1.40	386.40		387.80		389.20		390.60		392.00		393.40		394.80		396.20		397.60
1.50	414.00		415.50		417.00		418.50		420.00		421.50		423.00		424.50		426.00
1.60	441.60		443.20		444.80		446.40		448.00		449.60		451.20		452.80		454.40
1.70	469.20		470.90		472.60		474.30		476.00		477.70		479.40		481.10		482.80
1.80	496.80		498.60		500.40		502.20		504.00		505.80		507.60		509.40		511.20
1.90	524.40		526.30		528.20		530.10		532.00		533.90		535.80		537.70		539.60
2.00	552.00		554.00		556.00		558.00		560.00		562.00		564.00		566.00		568.00
2.10	579.60		581.70		583.80		585.90		588.00		590.10		592.20		594.30		596.40
2.30	634.80		637.10		639.40		641.70		644.00		646.30		648.60		650.90		653.20
2.40	662.40		664.80		667.20		669.60		672.00		674.40		676.80		679.20		681.60
2.70	745.20		747.90		750.60		753.30		756.00		758.70		761.40		764.10		766.80
3.00	828.00		831.00		834.00		837.00		840.00		843.00		846.00		849.00		852.00
0.12	33.12		33.24		33.36		33.48		33.60		33.72		33.84		33.96		34.08
2.25	621.00		623.25		625.50		627.75		630.00		632.25		634.50		636.75		639.00

Nombre de jours.

SOLDE PAR JOUR	285		286		287		288		289		290		291		292		293	
	FRANCS.	CENTIMES.	FRANCS.	CENTIMES.	FRANCS.	CENTIMES.	FRANCS.	CENTIMES.	FRANCS.	CENTIMES.	FRANCS.	CENTIMES.	FRANCS.	CENTIMES.	FRANCS.	CENTIMES.	FRANCS.	CENTIMES.
0.07	19.95		20.02		20.09		20.16		20.23		20.30		20.37		20.44		20.51	
0.15	42.75		42.90		43.05		43.20		43.35		43.50		43.65		43.80		43.95	
0.20	57.00		57.20		57.40		57.60		57.80		58.00		58.20		58.40		58.60	
0.25	71.25		71.50		71.75		72.00		72.25		72.50		72.75		73.00		73.25	
0.30	85.50		85.80		86.10		86.40		86.70		87.00		87.30		87.60		87.90	
0.35	99.75		100.10		100.45		100.80		101.15		101.50		101.85		102.20		102.55	
0.40	114.00		114.40		114.80		115.20		115.60		116.00		116.40		116.80		117.20	
0.50	142.50		143.00		143.50		144.00		144.50		145.00		145.50		146.00		146.50	
0.60	171.00		171.60		172.20		172.80		173.40		174.00		174.60		175.20		175.80	
0.65	185.25		185.90		186.55		187.20		187.85		188.50		189.15		189.80		190.45	
0.70	199.50		200.20		200.90		201.60		202.50		203.00		203.70		204.40		205.10	
0.80	228.00		228.80		229.60		230.40		231.20		232.00		232.80		233.60		234.40	
0.90	256.50		257.40		258.30		259.20		260.10		261.00		261.90		262.80		263.70	
1.10	313.50		314.60		315.70		316.80		317.90		319.00		320.10		321.20		322.30	
1.20	342.00		343.20		344.40		345.60		346.80		348.00		349.20		350.40		351.60	
1.30	370.50		371.80		373.10		374.40		375.70		377.00		378.30		379.60		380.90	
1.40	399.00		400.40		401.80		403.20		404.60		406.00		407.40		408.80		410.20	
1.50	427.50		429.00		430.50		432.00		433.50		435.00		436.50		438.00		439.50	
1.60	456.00		457.60		459.20		460.80		462.40		464.00		465.60		467.20		468.80	
1.70	484.50		486.20		487.90		489.60		491.30		493.00		494.70		496.40		498.10	
1.80	513.00		514.80		516.60		518.40		520.20		522.00		523.80		525.60		527.40	
1.90	541.50		543.40		545.30		547.20		549.10		551.00		552.90		554.80		556.70	
2.00	570.00		572.00		574.00		576.00		578.00		580.00		582.00		584.00		586.00	
2.10	598.50		600.60		602.70		604.80		606.90		609.00		611.10		613.20		615.30	
2.30	655.50		657.80		660.10		662.40		664.70		667.00		669.30		671.60		673.90	
2.40	684.00		686.40		688.80		691.20		693.60		696.00		698.40		700.80		703.20	
2.70	769.50		772.20		774.90		777.60		780.50		785.00		785.70		788.40		791.10	
3.00	855.00		858.00		861.00		864.00		867.00		870.00		873.00		876.00		879.00	
0.12	34.20		34.32		34.44		34.56		34.68		34.80		34.92		35.04		35.16	
2.25	641.25		643.50		645.75		648.00		650.25		652.50		654.75		657.00		659.25	

Nombre de jours.

SOLDE PAR JOUR	294		295		296		297		298		299		300		301		302	
	FRANCS.	CENTIMES.	FRANCS.	CENTIMES.	FRANCS.	CENTIMES.	FRANCS.	CENTIMES.	FRANCS.	CENTIMES.	FRANCS.	CENTIMES.	FRANCS.	CENTIMES.	FRANCS.	CENTIMES.	FRANCS.	CENTIMES.
0.07	20.58		20.65		20.72		20.79		20.86		20.93		21.00		21.07		21.14	
0.15	44.10		44.25		44.40		44.55		44.70		44.85		45.00		45.15		45.30	
0.20	58.80		59.00		59.20		59.40		59.60		59.80		60.00		60.20		60.40	
0.25	73.50		73.75		74.00		74.25		74.50		74.75		75.00		75.25		75.50	
0.30	88.20		88.50		88.80		89.10		89.40		89.70		90.00		90.30		90.60	
0.35	102.90		103.25		103.60		103.95		104.30		104.65		105.00		105.35		105.70	
0.40	117.60		118.00		118.40		118.80		119.20		119.60		120.00		120.40		120.80	
0.50	147.00		147.50		148.00		148.50		149.00		149.50		150.00		150.50		151.00	
0.60	176.40		177.00		177.60		178.20		178.80		179.40		180.00		180.60		181.20	
0.65	191.10		191.75		192.40		193.05		193.70		194.35		195.00		195.65		196.30	
0.70	205.80		206.50		207.20		207.90		208.60		209.30		210.00		210.70		211.40	
0.80	235.20		236.00		236.80		237.60		238.40		239.20		240.00		240.80		241.60	
0.90	264.60		265.50		266.40		267.30		268.20		269.10		270.00		270.90		271.80	
1.10	323.40		324.50		325.60		326.70		327.80		328.90		330.00		331.10		332.20	
1.20	352.80		354.00		355.20		356.40		357.60		358.80		360.00		361.20		362.40	
1.30	382.20		383.50		384.80		386.10		387.40		388.70		390.00		391.30		392.60	
1.40	411.60		413.00		414.40		415.80		417.20		418.60		420.00		421.40		422.80	
1.50	441.00		442.50		444.00		445.50		447.00		448.50		450.00		451.50		453.00	
1.60	470.40		472.00		473.60		475.20		476.80		478.40		480.00		481.60		483.20	
1.70	499.80		501.50		503.20		504.90		506.60		508.30		510.00		511.70		513.40	
1.80	529.20		531.00		532.80		534.60		536.40		538.20		540.00		541.80		543.60	
1.90	558.60		560.50		562.40		564.30		566.20		568.10		570.00		571.90		573.80	
2.00	588.00		590.00		592.00		594.00		596.00		598.00		600.00		602.00		604.00	
2.10	617.40		619.50		621.60		623.70		625.80		627.90		630.00		632.10		634.20	
2.30	676.20		678.50		680.80		683.10		685.40		687.70		690.00		692.30		694.60	
2.40	705.60		708.00		710.40		712.80		715.20		717.60		720.00		722.40		724.80	
2.70	793.80		796.50		799.20		801.90		804.60		807.30		810.00		812.70		815.40	
3.00	882.00		885.00		888.00		891.00		894.00		897.00		900.00		903.00		906.00	
0.12	35.28		35.40		35.52		35.64		35.76		35.88		36.00		36.12		36.24	
2.25	661.50		663.75		666.00		668.25		670.50		672.75		675.00		677.25		679.50	

Nombre de jours.

SOLDE PAR JOUR	303		304		305		306		307		308		309		310		311	
	FRANCS.	CENTIMES.	FRANCS.	CENTIMES.	FRANCS.	CENTIMES.	FRANCS.	CENTIMES.	FRANCS.	CENTIMES.	FRANCS.	CENTIMES.	FRANCS.	CENTIMES.	FRANCS.	CENTIMES.	FRANCS.	CENTIMES.
0.07	21.	21	21.	28	21.	35	21.	42	21.	49	21.	56	21.	63	21.	70	21.	77
0.15	45.	45	45.	60	45.	75	45.	90	46.	05	46.	20	46.	35	46.	50	46.	65
0.20	60.	60	60.	80	61.	00	61.	20	61.	40	61.	60	61.	80	62.	00	62.	20
0.25	75.	75	76.	00	76.	25	76.	50	76.	75	77.	00	77.	25	77.	50	77.	75
0.30	90.	90	91.	20	91.	50	91.	80	92.	10	92.	40	92.	70	93.	00	93.	30
0.35	106.	05	106.	40	106.	75	107.	10	107.	45	107.	80	108.	15	108.	50	108.	85
0.40	121.	20	121.	60	122.	00	122.	40	122.	80	123.	20	123.	60	124.	00	124.	40
0.50	151.	50	152.	00	152.	50	153.	00	153.	50	154.	00	154.	50	155.	00	155.	50
0.60	181.	80	182.	40	183.	00	183.	60	184.	20	184.	80	185.	40	186.	00	186.	60
0.65	196.	95	197.	60	198.	25	198.	90	199.	55	200.	20	200.	85	201.	50	202.	15
0.70	212.	10	212.	80	213.	50	214.	20	214.	90	215.	60	216.	30	217.	00	217.	70
0.80	242.	40	243.	20	244.	00	244.	80	245.	60	246.	40	247.	20	248.	00	248.	80
0.90	272.	70	273.	60	274.	50	275.	40	276.	30	277.	20	278.	10	279.	00	279.	90
1.10	333.	30	334.	40	335.	50	336.	60	337.	70	338.	80	339.	90	341.	00	342.	10
1.20	363.	60	364.	80	366.	00	367.	20	368.	40	369.	60	370.	80	372.	00	373.	20
1.30	393.	90	395.	20	396.	50	397.	80	399.	10	400.	40	401.	70	403.	00	404.	30
1.40	424.	20	425.	60	427.	00	428.	40	429.	80	431.	20	432.	60	434.	00	435.	40
1.50	454.	50	456.	00	457.	50	459.	00	460.	50	462.	00	463.	50	465.	00	466.	50
1.60	484.	80	486.	40	488.	00	489.	60	491.	20	492.	80	494.	40	496.	00	497.	60
1.70	515.	10	516.	80	518.	50	520.	20	521.	90	523.	60	525.	30	527.	00	528.	70
1.80	545.	40	547.	20	549.	00	550.	80	552.	60	554.	40	556.	20	558.	00	559.	80
1.90	575.	70	577.	60	579.	50	581.	40	583.	30	585.	20	587.	10	589.	00	590.	90
2.00	606.	00	608.	00	610.	00	612.	00	614.	00	616.	00	618.	00	620.	00	622.	00
2.10	636.	30	638.	40	640.	50	642.	60	644.	70	646.	80	648.	90	651.	00	653.	10
2.30	696.	90	699.	20	701.	50	703.	80	706.	10	708.	40	710.	70	713.	00	715.	30
2.40	727.	20	729.	60	732.	00	734.	40	736.	80	739.	20	741.	60	744.	00	746.	40
2.70	818.	10	820.	80	823.	50	826.	20	828.	90	831.	60	834.	30	837.	00	839.	70
3.00	909.	00	912.	00	915.	00	918.	00	921.	00	924.	00	927.	00	930.	00	933.	00
0.12	36.	36	36.	48	36.	60	36.	72	36.	84	36.	96	37.	08	37.	20	37.	32
2.25	681.	75	684.	00	686.	25	688.	50	690.	75	693.	00	695.	25	697.	50	699.	75

Nombre de jours.

SOLDE PAR JOUR	312	313	314	315	316	317	318	319	320
	FRANCS. CENTIMES.	FRANCS. CENTIMES.	FRANCS. CENTIMES.	FRANCS. CENTIMES.	FRANCS. CENTIMES.	FRANCS. CENTIMES.	FRANCS. CENTIMES.	FRANCS. CENTIMES.	FRANCS. CENTIMES.
0.07	21.84	21.94	21.98	22.05	22.12	22.19	22.26	22.33	22.40
0.15	46.80	46.95	47.10	47.25	47.40	47.55	47.70	47.85	48.00
0.20	62.40	62.60	62.80	63.00	63.20	63.40	63.60	63.80	64.00
0.25	78.00	78.25	78.50	78.75	79.00	79.25	79.50	79.75	80.00
0.30	93.60	93.90	94.20	94.50	94.80	95.10	95.40	95.70	96.00
0.35	109.20	109.55	109.90	110.25	110.60	110.95	111.30	111.65	112.00
0.40	124.80	125.20	125.60	126.00	126.40	126.80	127.20	127.60	128.00
0.50	156.00	156.50	157.00	157.50	158.00	158.50	159.00	159.50	160.00
0.60	187.20	187.80	188.40	189.00	189.60	190.20	190.80	191.40	192.00
0.65	202.80	203.45	204.10	204.75	205.40	206.05	206.70	207.35	208.00
0.70	218.40	219.10	219.80	220.50	221.20	221.90	222.60	223.30	224.00
0.80	249.60	250.40	251.20	252.00	252.80	253.60	254.40	255.20	256.00
0.90	280.80	281.70	282.60	283.50	284.40	285.30	286.20	287.10	288.00
1.10	343.20	344.30	345.40	346.50	347.60	348.70	349.80	350.90	352.00
1.20	374.40	375.60	376.80	378.00	379.20	380.40	381.60	382.80	384.00
1.30	405.60	406.90	408.20	409.50	410.80	412.10	413.40	414.70	416.00
1.40	436.80	438.20	439.60	441.00	442.40	443.80	445.20	446.60	448.00
1.50	468.00	469.50	471.00	472.50	474.00	475.50	477.00	478.50	480.00
1.60	499.20	500.80	502.40	504.00	505.60	507.20	508.80	510.40	512.00
1.70	530.40	532.10	533.80	535.50	537.20	538.90	540.60	542.30	544.00
1.80	561.60	563.40	565.20	567.00	568.80	570.60	572.40	574.20	576.00
1.90	592.80	594.70	596.60	598.50	600.40	602.30	604.20	606.10	608.00
2.00	624.00	626.00	628.00	630.00	632.00	634.00	636.00	638.00	640.00
2.10	655.20	657.30	659.40	661.50	663.60	665.70	667.80	669.90	672.00
2.30	717.60	719.90	722.20	724.50	726.80	729.10	731.40	733.70	736.00
2.40	748.80	751.20	753.60	756.00	758.40	760.80	763.20	765.60	768.00
2.70	842.40	845.10	847.80	850.50	853.20	855.90	858.60	861.30	864.00
3.00	936.00	939.00	942.00	945.00	948.00	951.00	954.00	957.00	960.00
0.12	37.44	37.56	37.68	37.80	37.92	38.04	38.16	38.28	38.40
2.25	702.00	704.25	706.50	708.75	711.00	713.25	715.50	717.75	720.00

Nombre de jours.

SOLDE PAR JOUR	321 FRANCS. CENTIMES.	322 FRANCS. CENTIMES.	323 FRANCS. CENTIMES.	324 FRANCS. CENTIMES.	325 FRANCS. CENTIMES.	326 FRANCS. CENTIMES.	327 FRANCS. CENTIMES.	328 FRANCS. CENTIMES.	329 FRANCS. CENTIMES.
0.07	22.47	22.54	22.61	22.68	22.75	22.82	22.89	22.96	23.03
0.15	48.15	48.30	48.45	48.60	48.75	48.90	49.05	49.20	49.35
0.20	64.20	64.40	64.60	64.80	65.00	65.20	65.40	65.60	65.80
0.25	80.25	80.50	80.75	81.00	81.25	81.50	81.75	82.00	82.25
0.30	96.30	96.60	96.90	97.20	97.50	97.80	98.10	98.40	98.70
0.35	112.35	112.70	113.05	113.40	113.75	114.10	114.45	114.80	115.15
0.40	128.40	128.80	129.20	129.60	130.00	130.40	130.80	131.20	131.60
0.50	160.50	161.00	161.50	162.00	162.50	163.00	163.50	164.00	164.50
0.60	192.60	193.20	193.80	194.40	195.00	195.60	196.20	196.80	197.40
0.65	208.65	209.30	209.95	210.60	211.25	211.90	212.55	213.20	213.85
0.70	224.70	225.40	226.10	226.80	227.50	228.20	228.90	229.60	230.30
0.80	256.80	257.60	258.40	259.20	260.00	260.80	261.60	262.40	263.20
0.90	288.90	289.80	290.70	291.60	292.50	293.40	294.30	295.20	296.10
1.10	353.10	354.20	355.30	356.40	357.50	358.60	359.70	360.80	361.90
1.20	385.20	386.40	387.60	388.80	390.00	391.20	392.40	393.60	394.80
1.30	447.30	418.60	419.90	421.20	422.50	423.80	425.10	426.40	427.70
1.40	449.40	450.80	452.20	453.60	455.00	456.40	457.80	459.20	460.60
1.50	481.50	483.00	484.50	486.00	487.50	489.00	490.50	492.00	493.50
1.60	513.60	515.20	516.80	518.40	520.00	521.60	523.20	524.80	526.40
1.70	545.70	547.40	549.10	550.80	552.50	554.20	555.90	557.60	559.30
1.80	577.80	579.60	581.40	583.20	585.00	586.80	588.60	590.40	592.20
1.90	609.90	611.80	613.70	645.60	617.50	619.40	621.30	623.20	625.10
2.00	642.00	644.00	646.00	648.00	650.00	652.00	654.00	656.00	658.00
2.10	674.10	676.20	678.30	680.40	682.50	684.60	686.70	688.80	690.90
2.30	738.30	740.60	742.90	745.20	747.50	749.80	752.10	754.40	756.70
2.40	770.40	772.80	775.20	777.60	780.00	782.40	784.80	787.20	789.60
2.70	866.70	869.40	872.10	874.80	877.50	880.20	882.90	885.60	888.30
3.00	963.00	966.00	969.00	972.00	975.00	978.00	981.00	984.00	987.00
0.12	38.52	38.64	38.76	38.88	39.00	39.12	39.24	39.36	39.48
2.25	722.25	724.50	726.75	729.00	731.25	733.50	735.75	738.00	740.25

Nombre de jours.

SOLDE PAR JOUR	350	351	332	353	334	335	336	337
0.07	23.10	23.17	23.24	23.31	23.38	23.45	23.52	23.59
0.15	49.50	49.65	49.80	49.95	50.10	50.25	50.40	50.55
0.20	66.00	66.20	66.40	66.60	66.80	67.00	67.20	67.40
0.25	82.50	82.75	83.00	83.25	83.50	83.75	84.00	84.25
0.30	99.00	99.30	99.60	99.90	100.20	100.50	100.80	101.10
0.35	115.50	115.85	116.20	116.55	116.90	117.25	117.60	117.95
0.40	132.00	132.40	132.80	133.20	133.60	134.00	134.40	134.80
0.50	165.00	165.50	166.00	166.50	167.00	167.50	168.00	168.50
0.60	198.00	198.60	199.20	199.80	200.40	201.00	201.60	202.20
0.65	214.50	215.15	215.80	216.45	217.10	217.75	218.40	219.05
0.70	231.00	231.70	232.40	233.10	233.80	234.50	235.20	235.90
0.80	264.00	264.80	265.60	266.40	267.20	268.00	268.80	269.60
0.90	297.00	297.90	298.80	299.70	300.60	301.50	302.40	303.30
1.10	363.00	364.10	365.20	366.30	367.40	368.50	369.60	370.70
1.20	396.00	397.20	398.40	399.60	400.80	402.00	403.20	404.40
1.30	429.00	430.30	431.60	432.90	434.20	435.50	436.80	438.10
1.40	462.00	463.40	464.80	466.20	467.60	469.00	470.40	471.80
1.50	495.00	496.50	498.00	499.50	501.00	502.50	504.00	505.50
1.60	528.00	529.60	531.20	532.80	534.40	536.00	537.60	539.20
1.70	561.00	562.70	564.40	566.10	567.80	569.50	571.20	572.90
1.80	594.00	595.80	597.60	599.40	601.20	603.00	604.80	606.60
1.90	627.00	628.90	630.80	632.70	634.60	636.50	638.40	640.30
2.00	660.00	662.00	664.00	666.00	668.00	670.00	672.00	674.00
2.10	693.00	695.10	697.20	699.30	701.40	703.50	705.60	707.70
2.30	759.00	761.30	763.60	765.90	768.20	770.50	772.80	775.10
2.40	792.00	794.40	796.80	799.20	801.60	804.00	806.40	808.80
2.70	891.00	893.70	896.40	899.10	901.80	904.50	907.20	909.90
3.00	990.00	993.00	996.00	999.00	1002.00	1005.00	1008.00	1011.00
0.12	39.60	39.72	39.84	39.96	40.08	40.20	40.32	40.44
2.25	742.50	744.75	747.00	749.25	751.50	753.75	756.00	758.25

8

Nombre de jours.

SOLDE PAR JOUR	338 FRANCS. CENTIMES.	339 FRANCS. CENTIMES.	340 FRANCS. CENTIMES.	341 FRANCS. CENTIMES.	342 FRANCS. CENTIMES.	343 FRANCS. CENTIMES.	344 FRANCS. CENTIMES.
0.07	23.66	23.75	23.80	23.87	23.94	24.01	24.08
0.15	50.70	50.85	51.00	51.15	51.30	51.45	51.60
0.20	67.60	67·80	68.00	68.20	68.40	68.60	68.80
0.25	84.50	84.75	85.00	85.25	85.50	85.75	86.00
0.30	101.40	101.70	102.00	102.30	102.60	102.90	103.20
0.35	118.30	118.65	119.00	119.35	119.70	120.05	120.40
0.40	135.20	135.60	136.00	136.40	136.80	137·20	137.60
0.50	169.00	169.50	170.00	170.50	171.00	171.50	172.00
0.60	202.80	203.40	204.00	204.60	205.20	205.80	206.40
0.65	219.70	220.35	221.00	221.65	222.30	222.95	223.60
0.70	236.60	237.30	238.00	238.70	239.40	240.10	240.80
0.80	270.40	271.20	272.00	272.80	273.60	274.40	275.20
0.90	304.20	305.10	306.00	306.90	307.80	308.70	309.60
1.10	371.80	372.90	374.00	375.10	376.20	377.30	378.40
1.20	405.60	406.80	408.00	409.20	410.40	411.60	412.80
1.30	439.40	440.70	442.00	443.30	444.60	445.90	447.20
1.40	473.20	474.60	476.00	477.40	478.80	480.20	481.60
1.50	507.00	508.50	510.00	511.50	513.00	514.50	516.00
1.60	540.80	542.40	544.00	545.60	547.20	548.80	550.40
1.70	574.60	576.30	578.00	579.70	581.40	583.10	584.80
1.80	608.40	610.20	612.00	613.80	615.60	617.40	619.20
1.90	642.20	644.10	646.00	647.90	649.80	651.70	653.60
2.00	676.00	678.00	680.00	682.00	684.00	686.00	688.00
2.10	709.80	711.90	714.00	716.10	718.20	720.30	722.40
2.30	777.40	779.70	782.00	784.30	786.60	788.90	791.20
2.40	811.20	813.60	816.00	818.40	820.80	823.20	825.60
2.70	912.60	915.30	918.00	920.70	923.40	926.10	928.80
3.00	1014.00	1017.00	1020.00	1023.00	1026.00	1029.00	1032.00
0.12	40.56	40.68	40.80	40.92	41.04	41.16	41.28
2.25	760.50	762.75	765.00	767.25	769.50	771.75	774.00

Nombre de jours.

SOLDE PAR JOUR	345 FRANCS.	345 CENTIMES.	346 FRANCS.	346 CENTIMES.	347 FRANCS.	347 CENTIMES.	348 FRANCS.	348 CENTIMES.	349 FRANCS.	349 CENTIMES.	350 FRANCS.	350 CENTIMES.	351 FRANCS.	351 CENTIMES.
0.07	24.15		24.22		24.29		24.36		24.43		24.50		24.57	
0.15	51.75		51.90		52.05		52.20		52.35		52.50		52.65	
0.20	69.00		69.20		69.40		69.60		69.80		70.00		70.20	
0.25	86.25		86.50		86.75		87.00		87.25		87.50		87.75	
0.30	103.50		103.80		104.10		104.40		104.70		105.00		105.30	
0.35	120.75		121.10		121.45		121.80		122.15		122.50		122.85	
0.40	138.00		138.40		138.80		139.20		139.60		140.00		140.40	
0.50	172.50		173.00		173.50		174.00		174.50		175.00		175.50	
0.60	207.00		207.60		208.20		208.80		209.40		210.00		210.60	
0.65	224.25		224.90		225.55		226.20		226.85		227.50		228.15	
0.70	241.50		242.20		242.90		243.60		244.30		245.00		245.70	
0.80	276.00		276.80		277.60		278.40		279.20		280.00		280.80	
0.90	310.50		311.40		312.30		313.20		314.10		315.00		315.90	
1.10	379.50		380.60		381.70		382.80		383.90		385.00		386.10	
1.20	414.00		415.20		416.40		417.60		418.80		420.00		421.20	
1.30	448.50		449.80		451.10		452.40		453.70		455.00		456.30	
1.40	483.00		484.40		485.80		487.20		488.60		490.00		491.40	
1.50	517.50		519.00		520.50		522.00		523.50		525.00		526.50	
1.60	552.00		553.60		555.20		556.80		558.40		560.00		561.60	
1.70	586.50		588.20		589.90		591.60		593.30		595.00		596.70	
1.80	621.00		622.80		624.60		626.40		628.20		630.00		631.80	
1.90	655.50		657.40		659.30		661.20		663.10		665.00		666.90	
2.00	690.00		692.00		694.00		696.00		698.00		700.00		702.00	
2.10	724.50		726.60		728.70		730.80		732.90		735.00		737.10	
2.30	793.50		795.80		798.10		800.40		802.70		805.00		807.30	
2.40	828.00		830.40		832.80		835.20		837.60		840.00		842.40	
2.70	931.50		934.20		936.90		939.60		942.30		945.00		947.70	
3.00	1035.00		1038.00		1041.00		1044.00		1047.00		1050.00		1053.00	
0.12	41.40		41.52		41.64		41.76		41.88		42.00		42.12	
2.25	776.25		778.50		780.75		783.00		785.25		787.50		789.75	

SOLDE PAR JOUR	352		353		354		355		356		357		358	
	FRANCS.	CENTIMES.	FRANCS.	CENTIMES.	FRANCS.	CENTIMES.	FRANCS.	CENTIMES.	FRANCS.	CENTIMES.	FRANCS.	CENTIMES.	FRANCS.	CENTIMES.
0.07	24.64	24.71	24.78	24.85	24.92	24.99	25.06
0.15	52.80	52.95	53.10	53.25	53.40	53.55	53.70
0.20	70.40	70.60	70.80	71.00	71.20	71.40	71.60
0.25	88.00	88.25	88.50	88.75	89.00	89.25	89.50
0.30	105.60	105.90	106.20	106.50	106.80	107.10	107.40
0.35	123.20	123.55	123.90	124.25	124.60	124.95	125.30
0.40	140.80	141.20	141.60	142.00	142.40	142.80	143.20
0.50	176.00	176.50	177.00	177.50	178.00	178.50	179.00
0.60	211.20	211.80	212.40	213.00	213.60	214.20	214.80
0.65	228.80	229.45	230.10	230.75	231.40	232.05	232.70
0.70	246.40	247.10	247.80	248.50	249.20	249.90	250.60
0.80	281.60	282.40	283.20	284.00	284.80	285.60	286.40
0.90	316.80	317.70	318.60	319.50	320.40	321.30	322.20
1.10	387.20	388.30	389.40	390.50	391.60	392.70	393.80
1.20	422.40	423.60	424.80	426.00	427.20	428.40	429.60
1.30	457.60	458.90	460.20	461.50	462.80	464.10	465.40
1.40	492.80	494.20	495.60	497.00	498.40	499.80	501.20
1.50	528.00	529.50	531.00	532.50	534.00	535.50	537.00
1.60	563.20	564.80	566.40	568.00	569.60	571.20	572.80
1.70	598.40	600.10	601.80	603.50	605.20	606.90	608.60
1.80	633.60	635.40	637.20	639.00	640.80	642.60	644.40
1.90	668.80	670.70	672.60	674.50	676.40	678.30	680.20
2.00	704.00	706.00	708.00	710.00	712.00	714.00	716.00
2.10	739.20	741.30	743.40	745.50	747.60	749.70	751.80
2.30	809.60	811.90	814.20	816.50	818.80	821.10	823.40
2.40	844.80	847.20	849.60	852.00	854.40	856.80	859.20
2.70	950.40	953.10	955.80	958.50	961.20	963.90	966.60
5.00	1056.00	1059.00	1062.00	1065.00	1068.00	1071.00	1074.00
0.12	42.24	42.36	42.48	42.60	42.72	42.84	42.96
2.25	792.00	794.25	796.50	798.75	801.00	803.25	805.50

Nombre de jours.

SOLDE PAR JOUR	359		360		361		362		363		364		365	
	FRANCS.	CENTIMES.	FRANCS.	CENTIMES.	FRANCS.	CENTIMES.	FRANCS.	CENTIMES.	FRANCS.	CENTIMES.	FRANCS.	CENTIMES.	FRANCS.	CENTIMES.
0.07	25.13		25.20		25.27		25.34		25.44		25.48		25.55	
0.15	53.85		54.00		54.15		54.30		54.45		54.60		54.75	
0.20	71.80		72.00		72.20		72.40		72.60		72.80		73.00	
0.25	89.75		90.00		90.25		90.50		90.75		91.00		91.25	
0.30	107.70		108.00		108.30		108.60		108.90		109.20		109.50	
0.35	125.65		126.00		126.35		126.70		127.05		127.40		127.75	
0.40	143.60		144.00		144.40		144.80		145.20		145.60		146.00	
0.50	179.50		180.00		180.50		181.00		181.50		182.00		182.50	
0.60	215.40		216.00		216.60		217.20		217.80		218.40		219.00	
0.65	233.35		234.00		234.65		235.30		235.95		236.60		237.25	
0.70	251.30		252.00		252.70		253.40		254.10		254.80		255.50	
0.80	287.20		288.00		288.80		289.60		290.40		291.20		292.00	
0.90	323.10		324.00		324.90		325.80		326.70		327.60		328.50	
1.10	394.90		396.00		397.10		398.20		399.30		400.40		401.50	
1.20	430.80		432.00		433.20		434.40		435.60		436.80		438.00	
1.30	466.70		468.00		469.30		470.60		471.90		473.20		474.50	
1.40	502.60		504.00		505.40		506.80		508.20		509.60		511.00	
1.50	538.50		540.00		541.50		543.00		544.50		546.00		547.50	
1.60	574.40		576.00		577.60		579.20		580.80		582.40		584.00	
1.70	610.30		612.00		613.70		615.40		617.10		618.80		620.50	
1.80	646.20		648.00		649.80		651.60		653.40		655.20		657.00	
1.90	682.10		684.00		685.90		687.80		689.70		691.60		693.50	
2.00	718.00		720.00		722.00		724.00		726.00		728.00		730.00	
2.10	753.90		756.00		758.10		760.20		762.30		764.40		766.50	
2.30	825.70		828.00		830.30		832.60		834.90		837.20		839.50	
2.40	861.60		864.00		866.40		868.80		871.20		873.60		876.00	
2.70	969.30		972.00		974.70		977.40		980.10		982.80		985.50	
3.00	1077.00		1080.00		1083.00		1086.00		1089.00		1092.00		1095.00	
0.12	43.08		43.20		43.32		43.44		43.56		43.68		43.80	
2.25	807.75		810.00		812.25		814.50		816.75		819.00		824.25	

DÉCOMPTEUR.

2ᵐᵉ PARTIE,

donnant par An, par Mois et par Jour

LA SOLDE DE TOUS LES GRADES DE LA MARINE,

depuis l'Amiral, jusqu'à l'Élève,

AVEC LES DIVERS SUPPLÉMENTS

SUIVIE DE 15 TABLEAUX.

240 FR. PAR AN.

FIXATION ANNUELLE
de l'indemnité de logement
de L'ENSEIGNE de vaisseau
et autres officiers assimilés.
(Ord. du 14 décembre 1840.)

MOIS.	fr.	c.	MOIS.	fr.	c.
1	20	00	7	140	00
2	40	00	8	160	00
3	60	00	9	180	00
4	80	00	10	200	00
5	100	00	11	220	00
6	120	00			

JOUR.	fr.	c.	mil.
1	0	66	6|9
2	1	33	3|9
3	2	00	
4	2	66	6|9
5	2	33	3|9
6	4	00	
7	4	66	6|9
8	5	33	3|9
9	6	00	
10	6	66	6|9
11	7	33	3|9
12	8	00	
13	8	66	6|9
14	9	33	3|9
15	10	00	
16	10	66	6|9
17	11	33	3|9
18	12	00	
19	12	66	6,9
20	13	33	3|9
21	14	00	
22	14	66	6|9
23	15	33	3|9
24	16	00	
25	16	66	6|9
26	17	33	3|9
27	18	00	
28	18	66	6|9
29	19	33	3|9
30	20	00	

300 FR. PAR AN.

SUPPLÉMENT DE SOLDE
à la mer
D'UN ENSEIGNE
de vaisseau.

MOIS.	fr.	c.	MOIS.	fr.	c.
1	25	00	7	175	00
2	50	00	8	200	00
3	75	00	9	225	00
4	100	00	10	250	00
5	125	00	11	275	00
6	150	00			

JOUR.	fr.	c	mil
1	0	83	3|9
2	1	66	6|9
3	2	50	
4	3	33	3|9
5	4	16	6|9
6	5	00	
7	5	83	3|9
8	6	66	6|9
9	7	50	
10	8	33	3|9
11	9	16	6|9
12	10	00	
13	10	83	3|9
14	11	66	6|9
15	12	50	
16	13	33	3|9
17	14	16	6|9
18	15	00	
19	15	83	3|9
20	16	66	6|9
21	17	50	
22	18	33	3|9
23	19	16	6|9
24	24	00	
25	20	83	3|9
26	21	66	6|9
27	22	50	
28	23	33	3|9
29	24	16	6|9
30	25	00	

360 FR. PAR AN.

FIXATION ANNUELLE
de l'indemnité de logement du
LIEUTENANT de vaisseau
et autres officiers assimilés.

MOIS.	fr.	c.	MOIS.	fr.	c.
1	30	00	7	210	00
2	60	00	8	240	00
3	90	00	9	270	00
4	120	00	10	300	00
5	150	00	11	330	00
6	180	00			

JOUR.	fr.	c.	mil.
1	1	»	»
2	2	»	»
3	3	»	»
4	4	»	»
5	5	»	»
6	6	»	»
7	7	»	»
8	8	»	»
9	9	»	»
10	10	»	»
11	11	»	»
12	12	»	»
13	13	»	»
14	14	»	»
15	15	»	»
16	16	»	»
17	17	»	»
18	18	»	»
19	19	»	»
20	20	»	»
21	21	»	»
22	22	»	»
23	23	»	»
24	24	»	»
25	25	»	»
26	26	»	»
27	27	»	»
28	28	»	»
29	29	»	»
30	30	»	»

400 FR. PAR AN.		450 FR. PAR AN.		480 FR. PAR AN.
SUPPLÉMENT DE SOLDE à la mer du LIEUTENANT DE VAISSEAU de 2me classe.		SUPPLÉMENT DE SOLDE à la mer d'un CHIRURGIEN entretenu de 2me classe.		SOLDE des VOLONTAIRES.

MOIS.	fr. c. m	MOIS.	fr. c. m	MOIS.	fr. c.	MOIS.	fr. c.	MOIS.	fr. c.	MOIS.	fr. c.
1	33 33 1/3	7	233 33 1/3	1	37 50	7	262 50	1	40 00	7	280 00
2	66 66 2/3	8	266 66 2/3	2	75 00	8	300 00	2	80 00	8	320 00
3	100 00	9	300 00	3	112 50	9	337 50	3	120 00	9	360 00
4	133 33	10	333 33 1/3	4	150 00	10	375 00	4	160 00	10	400 00
5	166 66	11	366 66 2/3	5	187 50	11	412 50	5	200 00	11	440 00
6	200 00			6	225 00			6	240 00		

JOUR.	fr. c. mil	JOUR.	fr. c. mil	JOUR.	fr. c mil
1	1 11 1|9	1	1 25	1	1 33 3|9
2	2 22 2|9	2	2 50	2	2 66 6|9
3	3 33 3|9	3	3 75	3	4 00
4	4 44 4|9	4	5 00	4	5 33 3|9
5	5 55 5|9	5	6 25	5	6 66 6|9
6	6 66 6|9	6	7 50	6	8 00
7	7 77 7|9	7	8 75	7	9 33 3|9
8	8 88 8|9	8	10 00	8	10 66 6,9
9	10 00	9	11 25	9	12 00
10	11 11 1|9	10	12 50	10	13 33 3|9
11	12 22 2|9	11	13 75	11	14 66 6.9
12	13 33 3|9	12	15 00	12	16 00
13	14 44 4|9	13	16 25	13	17 33 3|9
14	15 55 5|9	14	17 50	14	18 66 6.9
15	16 66 6|9	15	18 75	15	20 00
16	17 77 7|9	16	20 00	16	21 33 3|9
17	18 88 8|9	17	21 25	17	22 66 6.9
18	20 00	18	22 50	18	24 00
19	21 11 1|9	19	23 75	19	25 33 3|9
20	22 22 2|9	20	25 00	20	26 66 6|9
21	23 33 3|9	21	26 25	21	28 00
22	24 44 4|9	22	27 50	22	29 33 3|9
23	25 55 5|9	23	28 75	23	30 66 6|9
24	26 66 6|9	24	30 00	24	32 00
25	27 77 7|9	25	31 25	25	33 33 3|9
26	28 88 8|9	26	32 50	26	34 66 6|9
27	30 00	27	33 75	27	36 00
28	31 11 1|9	28	35 00	28	37 33 3|9
29	32 22 2|9	29	36 25	29	38 66 6|9
30	33 33 3|9	30	37 50	30	40 00

500 FR. PAR AN		600 FR. PAR AN.		700 FR. PAR AN.	
SUPPLÉMENT **DE SOLDE A LA MER** des LIEUTENANS DE VAISSEAU de 1re classe.		**SOLDE** DES ÉLÈVES de 2me classe.		SUPPLÉMENT **DE SOLDE A LA MER** des CAPITAINES DE CORVETTE de 1re classe.	

MOIS.	fr. c. m	MOIS.	fr. c. m	MOIS.	fr. c.	MOIS.	fr. c.	MOIS.	fr. c. m	MOIS.	fr. c. m
1	44 66 ⅔	7	291 66 ⅔	1	50 00	7	350 00	1	58 33 ⅓	7	408 33 ⅓
2	83 33 ⅓	8	333 33 ⅓	2	100 00	8	400 00	2	116 66 ⅔	8	466 66 ⅔
3	125 00	9	375 00	3	150 00	9	450 00	3	175 00	9	525 00
4	166 66 ⅔	10	416 66 ⅔	4	200 00	10	500 00	4	233 33 ⅓	10	583 33 ⅓
5	208 33 ⅓	11	458 33 ⅓	5	250 00	11	550 00	5	291 66 ⅔	11	641 66 ⅔
6	250 00			6	300 00			6	350 00		

JOUR.	fr. c. mil.	JOUR.	fr. c. mil.	JOUR.	fr. c. mil.
1	1 38 8|9	1	1 66 6,9	1	1 94 4|9
2	2 77 7,9	2	3 33 3,9	2	3 88 8|9
3	4 16 6	9	3	5 00	3	5 83 3	9
4	5 55 5|9	4	6 66 6,9	4	7 77 7|9
5	6 94 4|9	5	8 33 3,9	5	9 72 2|9
6	8 33 3	9	6	10 00	6	11 66 6	9
7	9 72 2|9	7	11 66 6,9	7	13 61 1|9
8	11 11 1	9	8	13 33 3	9	8	15 55 5	9
9	12 50	9	15 00	9	17 50
10	13 88 8	9	10	16 66 6	9	10	19 44 4	9
11	15 27 7,9	11	18 33 3,9	11	21 38 8|9
12	16 66 6|9	12	20 00	12	23 33 3,9
13	18 05 5	9	13	21 66 6	9	13	25 27 7	9
14	19 44 4|9	14	23 33 3,9	14	27 22 2|9
15	20 83 3	9	15	25 00	15	29 16 6	9
16	22 22 2|9	16	26 66 6,9	16	31 11 1|9
17	23 61 1|9	17	28 33 3,9	17	33 05 5|9
18	25 00	18	30 00	18	35 00
19	26 38 8|9	19	31 66 6,9	19	36 94 4|9
20	27 77 7,9	20	33 33 3,9	20	38 88 8|9
21	29 16 6	9	21	35 00	21	40 83 3	9
22	30 55 5|9	22	36 66 6,9	22	42 77 7|9
23	31 94 4|9	23	38 33 3,9	23	44 72 2|9
24	33 33 3	9	24	40 00	24	46 66 6	9
25	34 72 2	9	25	41 66 6	9	25	48 61 1	9
26	36 11 1	9	26	43 33 3	9	26	50 55 5	9
27	37 50	27	45 00	27	52 50
28	38 88 8|9	28	46 66 6,9	28	54 44 4|9
29	40 27 7	9	29	48 33 3	9	29	56 38 8	9
30	41 66 6	9	30	50 00	30	58 33 3	9

720 FR. PAR AN. FIXATION ANNUELLE de l'indemnité de logement des CAPITAINES DE CORVETTE et autres officiers assimilés				800 FR. PAR AN. SOLDE DES COMMIS AUX VIVRES entretenus de 3me classe.					900 FR. PAR AN. SUPPLÉMENT DE SOLDE A LA MER des CAPITAINES DE VAISSEAU de 2me classe.				
MOIS.	fr.	c.	MOIS.	fr.	c.	MOIS.	fr.	c. m	MOIS.	fr.	c. m	MOIS.	fr.	c.	MOIS.	fr.	c.
1	60	00	7	420	00	1	66	66 ⅔	7	466	66 ⅔	1	75	00	7	525	00
2	120	00	8	480	00	2	133	33 ⅓	8	533	33 ⅓	2	150	00	8	600	00
3	180	00	9	540	00	3	200	00	9	600	00	3	225	00	9	675	00
4	240	00	10	600	00	4	266	66 ⅔	10	666	66 ⅔	4	300	00	10	750	00
5	300	00	11	660	00	5	333	33 ⅓	11	733	33 ⅓	5	375	00	11	825	00
6	360	00				6	400	00				6	450	00			

JOUR.	fr.	c.	mil.	JOUR.	fr.	c.	mil.	JOUR.	fr.	c.	mil.
1	2	» »		1	2	22	2|9	1	2	50	
2	4	» »		2	4	44	4|9	2	5	» »	
3	6	» »		3	6	66	6|9	3	7	50	
4	8	» »		4	8	88	8|9	4	10	» »	
5	10	» »		5	11	11	1|9	5	12	50	
6	12	» »		6	13	33	3|9	6	15	» »	
7	14	» »		7	15	55	5|9	7	17	50	
8	16	» »		8	17	77	7|9	8	20	» »	
9	18	» »		9	20	00		9	22	50	
10	20	» »		10	22	22	2|9	10	25	» »	
11	22	» »		11	24	44	4|9	11	27	50	
12	24	» »		12	26	66	6|9	12	30	» »	
13	26	» »		13	28	88	8|9	13	32	50	
14	28	» »		14	31	11	1|9	14	35	» »	
15	30	» »		15	33	33	3|9	15	37	50	
16	32	» »		16	35	55	5|9	16	40	» »	
17	34	» »		17	37	77	7|9	17	42	50	
18	36	» »		18	40	00		18	45	» »	
19	38	» »		19	42	22	2|9	19	47	50	
20	40	» »		20	44	44	4|9	20	50	» »	
21	42	» »		21	46	66	6|9	21	52	50	
22	44	» »		22	48	88	8|9	22	55	» »	
23	46	» »		23	51	11	1|9	23	57	50	
24	48	» »		24	53	33	3|9	24	60	» »	
25	50	» »		25	55	55	5|9	25	62	50	
26	52	» »		26	57	77	7|9	26	65	» »	
27	54	» »		27	60	00		27	67	50	
28	56	» »		28	62	22	2 9	28	70	» »	
29	58	» »		29	64	44	4|9	29	72	50	
30	60	» »		30	66	66	6|9	30	75	» »	

500 FR. PAR AN.	600 FR. PAR AN.	700 FR. PAR AN.
SUPPLÉMENT **DE SOLDE A LA MER** des LIEUTENANS DE VAISSEAU de 1re classe.	**SOLDE** DES ÉLÈVES de 2me classe.	SUPPLÉMENT **DE SOLDE A LA MER** des CAPITAINES DE CORVETTE de 1re classe.

MOIS

MOIS.	fr. c. m	MOIS.	fr. c. m	MOIS.	fr. c.	MOIS.	fr. c.	MOIS.	fr. c. m	MOIS.	fr. c. m
1	41 66	7	291 66	1	50 00	7	350 00	1	58 33	7	408 33
2	83 33	8	333 33	2	100 00	8	400 00	2	116 66	8	466 66
3	125 00	9	375 00	3	150 00	9	450 00	3	175 00	9	525 00
4	166 66	10	416 66	4	200 00	10	500 00	4	233 33	10	583 33
5	208 33	11	458 33	5	250 00	11	550 00	5	291 66	11	641 66
6	250 00			6	300 00			6	350 00		

JOUR

JOUR.	fr. c. mil.	JOUR.	fr. c. mil	JOUR.	fr. c. mil.
1	1 38 8.9	1	1 66 6,3	1	1 94 4|9
2	2 77 7,9	2	3 33 3,9	2	3 88 8|9
3	4 16 6 9	3	5 00	3	5 83 3	9
4	5 55 5|9	4	6 66 6'9	4	7 77 7,9
5	6 94 4|9	5	8 33 3.9	5	9 72 2,9
6	8 33 3	9	6	10 00	6	11 66 6	9
7	9 72 2|9	7	11 66 6,9	7	13 61 1|9
8	11 11 1	9	8	13 33 3	9	8	15 55 5	9
9	12 50	9	15 00	9	17 50
10	13 88 8|9	10	16 66 6|9	10	19 44 4,9
11	15 27 7,9	11	18 33 3,9	11	21 38 8|9
12	16 66 6	9	12	20 00	12	23 33 3	9
13	18 05 5	9	13	21 66 6	9	13	25 27 7	9
14	19 44 4	9	14	23 33 3 9	14	27 22 2	9
15	20 83 3	9	15	25 00	15	29 16 6	9
16	22 22 2	9	16	26 66 6	9	16	31 11 1	9
17	23 61 1	9	17	28 33 3	9	17	33 05 5	9
18	25 00	18	30 00	18	35 00
19	26 38 8	9	19	31 66 6	9	19	36 94 4	9
20	27 77 7,9	20	33 33 3|9	20	38 88 8|9
21	29 16 6	9	21	35 00	21	40 83 3	9
22	30 55 5|9	22	36 66 6,9	22	42 77 7|9
23	31 94 4|9	23	38 33 3,9	23	44 72 2|9
24	33 33 3	9	24	40 00	24	46 66 6	9
25	34 72 2	9	25	41 66 6	9	25	48 61 1	9
26	36 11 1	9	26	43 33 3	9	26	50 55 5	9
27	37 50	27	45 00	27	52 50
28	38 88 8	9	28	46 66 6	9	28	54 44 4	9
29	40 27 7	9	29	48 33 3	9	29	56 38 8	9
30	41 66 6	9	30	50 00	30	58 33 3	9

720 FR. PAR AN.

FIXATION ANNUELLE
de l'indemnité de logement
des
CAPITAINES DE CORVETTE
et autres officiers assimilés

MOIS.	fr.	c.	MOIS.	fr.	c.
1	60	00	7	420	00
2	120	00	8	480	00
3	180	00	9	540	00
4	240	00	10	600	00
5	300	00	11	660	00
6	360	00			

JOUR.	fr.	c.	mil.
1	2	»»	
2	4	»»	
3	6	»»	
4	8	»»	
5	10	»»	
6	12	»»	
7	14	»»	
8	16	»»	
9	18	»»	
10	20	»»	
11	22	»»	
12	24	»»	
13	26	»»	
14	28	»»	
15	30	»»	
16	32	»»	
17	34	»»	
18	36	»»	
19	38	»»	
20	40	»»	
21	42	»»	
22	44	»»	
23	46	»»	
24	48	»»	
25	50	»»	
26	52	»»	
27	54	»»	
28	56	»»	
29	58	»»	
30	60	»»	

800 FR. PAR AN.

SOLDE
DES COMMIS AUX VIVRES
entretenus
de 3me classe.

MOIS.	fr.	c.	m	MOIS.	fr.	c.	m
1	66	66	⅔	7	466	66	⅔
2	133	33	⅓	8	533	33	⅓
3	200	00		9	600	00	
4	266	66	⅔	10	666	66	⅔
5	333	33	⅓	11	733	33	⅓
6	400	00					

JOUR.	fr.	c.	mil.
1	2	22	2|9
2	4	44	4|9
3	6	66	6|9
4	8	88	8|9
5	11	11	1|9
6	13	33	3|9
7	15	55	5|9
8	17	77	7|9
9	20	00	
10	22	22	2|9
11	24	44	4|9
12	26	66	6|9
13	28	88	8|9
14	31	11	1|9
15	33	33	3|9
16	35	55	5|9
17	37	77	7|9
18	40	00	
19	42	22	2|9
20	44	44	4|9
21	46	66	6|9
22	48	88	8|9
23	51	11	1|9
24	53	33	3|9
25	55	55	5|9
26	57	77	7|9
27	60	00	
28	62	22	2 9
29	64	44	4|9
30	66	66	6|9

900 FR. PAR AN.

SUPPLÉMENT
DE SOLDE A LA MER
des
CAPITAINES DE VAISSEAU
de 2me classe.

MOIS	fr.	c.	MOIS	fr.	c.
1	75	00	7	525	00
2	150	00	8	600	00
3	225	00	9	675	00
4	300	00	10	750	00
5	375	00	11	825	00
6	450	00			

JOUR.	fr.	c.	mil.
1	2	50	
2	5	»»	
3	7	50	
4	10	»»	
5	12	50	
6	15	»»	
7	17	50	
8	20	»»	
9	22	50	
10	25	»»	
11	27	50	
12	30	»»	
13	32	50	
14	35	»»	
15	37	50	
16	40	»»	
17	42	50	
18	45	»»	
19	47	50	
20	50	»»	
21	52	50	
22	55	»»	
23	57	50	
24	60	»»	
25	62	50	
26	65	»»	
27	67	50	
28	70	»»	
29	72	50	
30	75	»»	

960 FR. PAR AN.

FIXATION ANNUELLE
de l'indemnité de logement
des
CAPITAINES DE VAISSEAU
et autres officiers assimilés.

MOIS.	fr.	c.	MOIS.	fr.	c.
1	80	00	7	560	00
2	160	00	8	640	00
3	240	00	9	720	00
4	320	00	10	800	00
5	400	00	11	880	00
6	480	00			

JOUR.	fr.	c.	mil.
1	2	66	6/9
2	5	33	3/9
3	8	00	
4	10	66	6/9
5	13	33	3/9
6	16	00	
7	18	66	6/9
8	21	33	3/9
9	24	00	
10	26	66	6/9
11	29	33	3/9
12	32	00	
13	34	66	6/9
14	37	33	3/9
15	40	00	
16	42	66	6/9
17	45	33	3/9
18	48	00	
19	50	66	6/9
20	53	33	3/9
21	56	00	
22	58	66	6/9
23	61	33	3/9
24	64	00	
25	66	66	6/9
26	69	33	3/9
27	72	00	
28	74	66	6/9
29	77	33	3/9
30	80	00	

1,000 FR. PAR AN.

SOLDE

DES ÉLÈVES

de 1re classe.

MOIS.	fr.	c.	m	MOIS.	fr.	c.	m
1	83	33	⅓	7	583	33	⅓
2	166	66	⅔	8	666	66	⅔
3	250	00		9	750	00	
4	333	33	⅓	10	833	33	⅓
5	416	66	⅔	11	916	66	⅔
6	500	00					

JOUR.	fr.	c.	mil
1	2	77	7/9
2	5	55	5/9
3	8	33	3/9
4	11	11	1/9
5	13	88	8/9
6	16	66	6/9
7	19	44	4/9
8	22	22	2/9
9	25	00	
10	27	77	7/9
11	30	55	5/9
12	33	33	3/9
13	36	11	1/9
14	38	88	8/9
15	41	66	6/9
16	44	44	4/9
17	47	22	2/9
18	50	00	
19	52	77	7/9
20	55	55	5/9
21	58	33	3/9
22	61	11	1/9
23	63	88	8/9
24	66	66	6/9
25	69	44	4/9
26	72	22	2/9
27	75	00	
28	77	77	7/9
29	80	55	5/9
30	83	33	3/9

1,200 FR. PAR AN.

SOLDE
DES COMMIS DE MARINE
de 2me classe,
des CHIRURGIENS de 3me classe
et autres assimilés.

MOIS.	fr.	c.	MOIS.	fr.	c.
1	100	00	7	700	00
2	200	00	8	800	00
3	300	00	9	900	00
4	400	00	10	1000	00
5	500	00	11	1100	00
6	600	00			

JOUR.	fr.	c.	mil.
1	3	33	3/9
2	6	66	6/9
3	10	00	
4	13	33	3/9
5	16	66	6/9
6	20	00	
7	23	33	3/9
8	26	66	6/9
9	30	00	
10	33	33	3/9
11	36	66	6/9
12	40	00	
13	43	33	3/9
14	46	66	6/9
15	50	00	
16	53	33	3/9
17	56	66	6/9
18	60	00	
19	63	33	3/9
20	66	66	6/9
21	70	00	
22	73	33	3/9
23	76	66	6/9
24	80	00	
25	83	33	3/9
26	86	66	6/9
27	90	00	
28	93	33	3/9
29	96	66	6/9
30	100	00	

1,500 FR. PAR AN.	1600 FR. PAR AN.	1800 FR. PAR AN.
SOLDE A TERRE	SOLDE A TERRE	SOLDE A TERRE
des	DES COMMIS DE MARINE	DES CHIRURGIENS
ENSEIGNES DE VAISSEAU.	de 1re classe.	de 2me classe

MOIS.	fr.	c.	MOIS.	fr.	c.	MOIS.	fr.	c. m	MOIS.	fr.	c. m	MOIS.	fr.	c.	MOIS.	fr.	c.
1	125	00	7	875	00	1	133	33 1/3	7	933	33 1/3	1	150	00	7	1050	00
2	250	00	8	1000	00	2	266	66 2/3	8	1066	66 2/3	2	300	00	8	1200	00
3	375	00	9	1125	00	3	400	00	9	1200	00	3	450	00	9	1350	00
4	500	00	10	1250	00	4	533	33 1/3	10	1333	33 1/3	4	600	00	10	1500	00
5	625	00	11	1375	00	5	666	66 2/3	11	1466	66 2/3	5	750	00	11	1650	00
6	750	00				6	800	00				6	900	00			

JOUR.	fr.	c	mil.	JOUR	fr.	c.	mil.	JOUR.	fr	c.	mil
1	4	16	6/9	1	4	44	4/9	1	5	» »	
2	8	33	3/9	2	8	88	8/9	2	10	» »	
3	12	50		3	13	33	3/9	3	15	» »	
4	16	66	6/9	4	17	77	7/9	4	20	» »	
5	20	83	3/9	5	22	22	2/9	5	25	» »	
6	25	00		6	26	66	6/9	6	30	» »	
7	29	16	6/9	7	31	11	1/9	7	35	» »	
8	33	33	3/9	8	35	55	5/9	8	40	» »	
9	37	50		9	40	00		9	45	» »	
10	41	66	6/9	10	44	44	4/9	10	50	» »	
11	45	83	3/9	11	48	88	8/9	11	55	» »	
12	50	00		12	53	33	3/9	12	60	» »	
13	54	16	6/9	13	57	77	7/9	13	65	» »	
14	58	33	3/9	14	62	22	2/9	14	70	» »	
15	62	50		15	66	66	6/9	15	75	» »	
16	66	66	6/9	16	71	11	1/9	16	80	» »	
17	70	83	3/9	17	75	55	5/9	17	85	» »	
18	75	00		18	80	00		18	90	» »	
19	79	16	6/9	19	84	44	4/9	19	95	» »	
20	83	33	3/9	20	88	88	8/9	20	100	» »	
21	87	50		21	93	33	3/9	21	105	» »	
22	91	66	6/9	22	97	77	7/9	22	110	» »	
23	95	83	3/9	23	102	22	2/9	23	115	» »	
24	100	00		24	106	66	6/9	24	120	» »	
25	104	16	6/9	25	111	11	1/9	25	125	» »	
26	108	33	3/9	26	115	55	5/9	26	130	» »	
27	112	50		27	120	00		27	135	» »	
28	116	66	6/9	28	124	44	4/9	28	140	» »	
29	120	83	3/9	29	128	88	8/9	29	145	» »	
30	125	00		30	133	33	3/9	30	150	» »	

960 FR. PAR AN.	1,000 FR. PAR AN.	1,200 FR. PAR AN.
FIXATION ANNUELLE de l'indemnité de logement des CAPITAINES DE VAISSEAU et autres officiers assimilés.	**SOLDE** DES ÉLÈVES de 1re classe.	**SOLDE** DES COMMIS DE MARINE de 2me classe, des CHIRURGIENS de 3me classe et autres assimilés.

MOIS.	fr.	c.	MOIS.	fr.	c.	MOIS.	fr.	c.	m	MOIS.	fr.	c.	m	MOIS.	fr.	c.	MOIS.	fr.	c.
1	80	00	7	560	00	1	83	33	⅓	7	583	33	⅓	1	100	00	7	700	00
2	160	00	8	640	00	2	166	66	⅔	8	666	66	⅔	2	200	00	8	800	00
3	240	00	9	720	00	3	250	00		9	750	00		3	300	00	9	900	00
4	320	00	10	800	00	4	333	33	⅓	10	833	33	⅓	4	400	00	10	1000	00
5	400	00	11	880	00	5	416	66	⅔	11	916	66	⅔	5	500	00	11	1100	00
6	480	00				6	500	00						6	600	00			

JOUR.	fr.	c.	mil.	JOUR.	fr.	c.	mil.	JOUR.	fr.	c.	mil.
1	2	66	6|9	1	2	77	7/9	1	3	33	3/9
2	5	33	3|9	2	5	55	5/9	2	6	66	6/9
3	8	00		3	8	33	3/9	3	10	00	
4	10	66	6|9	4	11	11	1/9	4	13	33	3/9
5	13	33	3|9	5	13	88	8/9	5	16	66	6/9
6	16	00		6	16	66	6/9	6	20	00	
7	18	66	6|9	7	19	44	4/9	7	23	33	3/9
8	21	33	3|9	8	22	22	2/9	8	26	66	6/9
9	24	00		9	25	00		9	30	00	
10	26	66	6|9	10	27	77	7/9	10	33	33	3/9
11	29	33	3|9	11	30	55	5/9	11	36	66	6/9
12	32	00		12	33	33	3/9	12	40	00	
13	34	66	6|9	13	36	11	1/9	13	43	33	3/9
14	37	33	3|9	14	38	88	8/9	14	46	66	6/9
15	40	00		15	41	66	6/9	15	50	00	
16	42	66	6|9	16	44	44	4/9	16	53	33	3/9
17	45	33	3|9	17	47	22	2/9	17	56	66	6/9
18	48	00		18	50	00		18	60	00	
19	50	66	6|9	19	52	77	7/9	19	63	33	3/9
20	53	33	3|9	20	55	55	5/9	20	66	66	6/9
21	56	00		21	58	33	3/9	21	70	00	
22	58	66	6|9	22	61	11	1/9	22	73	33	3/9
23	61	33	3|9	23	63	88	8/9	23	76	66	6/9
24	64	00		24	66	66	6/9	24	80	00	
25	66	66	6|9	25	69	44	4/9	25	83	33	3/9
26	69	33	3|9	26	72	22	2/9	26	86	66	6/9
27	72	00		27	75	00		27	90	00	
28	74	66	6|9	28	77	77	7/9	28	93	33	3/9
29	77	33	3|9	29	80	55	5/9	29	96	66	6/9
30	80	00		30	83	33	3/9	30	100	00	

1,500 FR. PAR AN. SOLDE A TERRE des ENSEIGNES DE VAISSEAU.				1600 FR. PAR AN. SOLDE A TERRE DES COMMIS DE MARINE de 1re classe.				1800 FR. PAR AN. SOLDE A TERRE DES CHIRURGIENS de 2me classe.			
MOIS.	fr. c.	MOIS.	fr. c.	MOIS.	fr. c. m	MOIS.	fr. c. m	MOIS.	fr. c.	MOIS.	fr. c.
1	125 00	7	875 00	1	133 33 ½	7	933 33 ½	1	150 00	7	1050 00
2	250 00	8	1000 00	2	266 66 ½	8	1066 66 ½	2	300 00	8	1200 00
3	375 00	9	1125 00	3	400 00	9	1200 00	3	450 00	9	1350 00
4	500 00	10	1250 00	4	533 33 ½	10	1333 33 ½	4	600 00	10	1500 00
5	625 00	11	1375 00	5	666 66 ½	11	1466 66 ½	5	750 00	11	1650 00
6	750 00			6	800 00			6	900 00		

JOUR.	fr.	c.	mil.	JOUR.	fr.	c.	mil.	JOUR.	fr.	c.	mil.
1	4	16	6/9	1	4	44	4/9	1	5	»»	
2	8	33	3/9	2	8	88	8/9	2	10	»»	
3	12	50		3	13	33	3/9	3	15	»»	
4	16	66	6/9	4	17	77	7/9	4	20	»»	
5	20	83	3/9	5	22	22	2/9	5	25	»»	
6	25	00		6	26	66	6/9	6	30	»»	
7	29	16	6/9	7	31	11	1/9	7	35	»»	
8	33	33	3/9	8	35	55	5/9	8	40	»»	
9	37	50		9	40	00		9	45	»»	
10	41	66	6/9	10	44	44	4/9	10	50	»»	
11	45	83	3/9	11	48	88	8/9	11	55	»»	
12	50	00		12	53	33	3/9	12	60	»»	
13	54	16	6/9	13	57	77	7/9	13	65	»»	
14	58	33	3/9	14	62	22	2/9	14	70	»»	
15	62	50		15	66	66	6/9	15	75	»»	
16	66	66	6/9	16	71	11	1/9	16	80	»»	
17	70	83	3/9	17	75	55	5/9	17	85	»»	
18	75	00		18	80	00		18	90	»»	
19	79	16	6/9	19	84	44	4/9	19	95	»»	
20	83	33	3/9	20	88	88	8/9	20	100	»»	
21	87	50		21	93	33	3/9	21	105	»»	
22	91	66	6/9	22	97	77	7/9	22	110	»»	
23	95	83	3/9	23	102	22	2/9	23	115	»»	
24	100	00		24	106	66	6/9	24	120	»»	
25	104	16	6/9	25	111	11	1/9	25	125	»»	
26	108	33	3/9	26	115	55	5/9	26	130	»»	
27	112	50		27	120	00		27	135	»»	
28	116	66	6/9	28	124	44	4/9	28	140	»»	
29	120	83	3/9	29	128	88	8/9	29	145	»»	
30	125	00		30	133	33	3/9	30	150	»»	

2,000 FR. PAR AN.

SOLDE A TERRE
des COMMIS PRINCIPAUX
et des
LIEUTENANS DE VAISSEAU
de 2me classe.

MOIS.	fr.	c. m	MOIS.	fr.	c. m
1	166	66 ⅔	7	1166	66 ⅔
2	333	33 ⅓	8	1333	33 ⅓
3	500	00	9	1500	00
4	666	66 ⅔	10	1666	66 ⅔
5	833	33 ⅓	11	1832	33 ⅓
6	1000	00			

JOUR.	fr.	c.	mil.
1	5	55	5/9
2	11	11	1/9
3	16	66	6/9
4	22	22	2/9
5	27	77	7/9
6	33	33	3/9
7	38	88	8/9
8	44	44	4/9
9	50	00	
10	55	55	5/9
11	61	11	1/9
12	66	66	6/9
13	72	22	2/9
14	77	77	7/9
15	83	33	3/9
16	88	88	8/9
17	94	44	4/9
18	100	00	
19	105	55	5/9
20	111	11	1/9
21	116	66	6/9
22	122	22	2/9
23	127	77	7/9
24	133	33	3/9
25	138	88	8/9
26	144	44	4/9
27	150	00	
28	155	55	5/9
29	161	11	1/9
30	166	66	6/9

2,400 FR. PAR AN.

SOLDE A TERRE

DES CHIRURGIENS

de 1re classe.

MOIS.	fr.	c.	MOIS.	fr.	c.
1	200	00	7	1400	00
2	400	00	8	1600	00
3	600	00	9	1800	00
4	800	00	10	2000	00
5	1000	00	11	2200	00
6	1200	00			

JOUR.	fr.	c.	mil.
1	6	66	6/9
2	13	33	3/9
3	20	00	
4	26	66	6/9
5	33	33	3/9
6	40	00	
7	46	66	6/9
8	53	33	3/9
9	60	00	
10	66	66	6/9
11	73	33	3/9
12	80	00	
13	86	66	6/9
14	93	33	3/9
15	100	00	
16	106	66	6/9
17	113	33	3/9
18	120	00	
19	126	66	6/9
20	133	33	3/9
21	140	00	
22	146	66	6/9
23	153	33	3/9
24	160	00	
25	166	66	6/9
26	173	33	3/9
27	180	00	
28	186	66	6/9
29	193	33	3/9
30	200	00	

2,500 FR. PAR AN.

SOLDE A TERRE

des LIEUTENANS de vaisseau

de 1re classe.

MOIS.	fr.	c. m	MOIS.	fr.	c. m
1	208	33 ⅓	7	1458	33 ⅓
2	416	66 ⅔	8	1666	66 ⅔
3	625	00	9	1875	00
4	833	33	10	2083	33 ⅓
5	1041	66 ⅔	11	2291	66 ⅔
6	1250	00			

JOUR.	fr.	c.	mil.
1	6	94	4/9
2	13	88	8/9
3	20	83	3/9
4	27	77	7/9
5	34	72	2/9
6	41	66	6/9
7	48	61	1/9
8	55	55	5/9
9	62	50	
10	69	44	4/9
11	76	38	8/9
12	83	33	3/9
13	90	27	7/9
14	97	22	2/9
15	104	16	6/9
16	111	11	1/9
17	118	05	5/9
18	125	00	
19	131	94	4/9
20	138	88	8/9
21	145	83	3/9
22	152	77	7/9
23	159	72	2/9
24	166	66	6/9
25	173	61	1/9
26	180	55	5/9
27	187	50	
28	194	44	4/9
29	201	38	8/9
30	208	33	3/9

3,000 FR. PAR AN. SOLDE A TERRE des CAPITAINES de corvette de 2me classe.				3,500 FR. PAR AN. SOLDE A TERRE des CAPITAINES de corvette de 1re classe.				4 500 FR. PAR AN. SOLDE A TERRE des CAPITAINES de vaisseau de 2me classe.			
MOIS.	fr. c.	MOIS.	fr. c.	MOIS.	fr. c. m	MOIS.	fr. c. m	MOIS.	fr. c.	MOIS.	fr. c.
1	250 00	7	1750 00	1	291 66 ½	7	2041 66 ½	1	375 00	7	2625 00
2	500 00	8	2000 00	2	583 33 ⅓	8	2333 33 ⅓	2	750 00	8	3000 00
3	750 00	9	2250 00	3	875 00	9	2625 00	3	1125 00	9	3375 00
4	1000 00	10	2500 00	4	1166 66 ½	10	2916 66 ½	4	1500 00	10	3750 00
5	1250 00	11	2750 00	5	1458 33 ⅓	11	3208 33 ⅓	5	1875 00	11	4125 00
6	1500 00			6	1750 00			6	2250 00		

JOUR.	fr.	c.	mil.	JOUR.	fr.	c.	mil.	JOUR.	fr.	c.	mil.
1	8	33	3/9	1	9	72	2/9	1	12	50	
2	16	66	6/9	2	19	44	4/9	2	25	00	
3	25	00		3	29	16	6/9	3	37	50	
4	33	33	3/9	4	38	88	8/9	4	50	00	
5	41	66	6/9	5	48	61	1/9	5	62	50	
6	50	00		6	53	33	3/9	6	75	00	
7	58	33	3/9	7	68	05	5/9	7	87	50	
8	66	66	6/9	8	77	77	7/9	8	100	00	
9	75	00		9	87	50		9	112	50	
10	83	33	3/9	10	97	22	2/9	10	125	00	
11	91	66	6/9	11	106	94	4/9	11	137	50	
12	100	00		12	116	66	6/9	12	150	00	
13	108	33	3/9	13	126	38	8/9	13	162	50	
14	116	66	6/9	14	136	11	1/9	14	175	00	
15	125	00		15	145	83	3/9	15	187	50	
16	133	33	3/9	16	155	55	5/9	16	200	00	
17	141	66	6/9	17	165	27	7/9	17	212	50	
18	150	00		18	175	00		18	225	00	
19	158	33	3/9	19	184	72	2/9	19	237	50	
20	166	66	6/9	20	194	44	4/9	20	250	00	
21	175	00		21	204	16	6/9	21	262	50	
22	183	33	3/9	22	213	88	8/9	22	275	00	
23	191	66	6/9	23	223	61	1/9	23	287	50	
24	200	00		24	233	33	3/9	24	300	00	
25	208	33	3/9	25	243	05	5/9	25	312	50	
26	216	66	6/9	26	252	77	7/9	26	325	00	
27	225	00		27	262	50		27	337	50	
28	233	33	3/9	28	272	22	2/9	28	350	00	
29	244	66	6/9	29	281	94	4/9	29	362	50	
30	250	00		30	291	66	6/9	30	375	00	

2,000 FR. PAR AN. SOLDE A TERRE des COMMIS PRINCIPAUX et des LIEUTENANS DE VAISSEAU de 2me classe.				2,400 FR. PAR AN. SOLDE A TERRE DES CHIRURGIENS de 1re classe.				2,500 FR. PAR AN. SOLDE A TERRE des LIEUTENANS de vaisseau de 1re classe.			
MOIS.	**fr. c. m**	**MOIS.**	**fr. c. m**	**MOIS.**	**fr. c.**	**MOIS.**	**fr. c.**	**MOIS.**	**fr. c. m**	**MOIS.**	**fr. c. m**
1	166 66	7	1166 66	1	200 00	7	1400 00	1	208 33	7	1458 33
2	333 33	8	1333 33	2	400 00	8	1600 00	2	416 66	8	1666 66
3	500 00	9	1500 00	3	600 00	9	1800 00	3	625 00	9	1875 00
4	666 66	10	1666 66	4	800 00	10	2000 00	4	833 33	10	2083 33
5	833 33	11	1833 33	5	1000 00	11	2200 00	5	1041 66	11	2291 66
6	1000 00			6	1200 00			6	1250 00		

JOUR.	fr. c. mil.	JOUR.	fr. c. mil.	JOUR.	fr c. mil.
1	5 55 5/9	1	6 66 6/9	1	6 94 4/9
2	11 11 1/9	2	13 33 3/9	2	13 88 8/9
3	16 66 6/9	3	20 00	3	20 83 3/9
4	22 22 2/9	4	26 66 6/9	4	27 77 7/9
5	27 77 7/9	5	33 33 3/9	5	34 72 2/9
6	33 33 3/9	6	40 00	6	41 66 6/9
7	38 88 8/9	7	46 66 6/9	7	48 61 1/9
8	44 44 4/9	8	53 33 3/9	8	55 55 5/9
9	50 00	9	60 00	9	62 50
10	55 55 5/9	10	66 66 6/9	10	69 44 4/9
11	61 11 1/9	11	73 33 3/9	11	76 38 8/9
12	66 66 6/9	12	80 00	12	83 33 3/9
13	72 22 2/9	13	86 66 6/9	13	90 27 7/9
14	77 77 7/9	14	93 33 3/9	14	97 22 2/9
15	83 33 3/9	15	100 00	15	104 16 6/9
16	88 88 8/9	16	106 66 6/9	16	111 11 1/9
17	94 44 4/9	17	113 33 3/9	17	118 05 5/9
18	100 00	18	120 00	18	125 00
19	105 55 5/9	19	126 66 6/9	19	131 94 4/9
20	111 11 1/9	20	133 33 3/9	20	138 88 8/9
21	116 66 6/9	21	140 00	21	145 83 3/9
22	122 22 2/9	22	146 66 6/9	22	152 77 7/9
23	127 77 7/9	23	153 33 3/9	23	159 72 2/9
24	133 33 3/9	24	160 00	24	166 66 6/9
25	138 88 8/9	25	166 66 6/9	25	173 61 1/9
26	144 44 4/9	26	173 33 3/9	26	180 55 5/9
27	150 00	27	180 00	27	187 50
28	155 55 5/9	28	186 66 6/9	28	194 44 4/9
29	161 11 1/9	29	193 33 3/9	29	201 38 8/9
30	166 66 6/9	30	200 00	30	208 33 3/9

3,000 FR. PAR AN.	3,500 FR. PAR AN.	4,500 FR. PAR AN.
SOLDE A TERRE	**SOLDE A TERRE**	**SOLDE A TERRE**
des CAPITAINES de corvette de 2me classe.	des CAPITAINES de corvette de 1re classe.	des CAPITAINES de vaisseau de 2me classe.

MOIS.	fr.	c.	MOIS.	fr.	c.	MOIS.	fr.	c.	m	MOIS.	fr.	c.	m	MOIS.	fr.	c.	MOIS.	fr.	c.
1	250	00	7	1750	00	1	291	66	$\frac{2}{3}$	7	2041	66	$\frac{2}{3}$	1	375	00	7	2625	00
2	500	00	8	2000	00	2	583	33	$\frac{1}{3}$	8	2333	33	$\frac{1}{3}$	2	750	00	8	3000	00
3	750	00	9	2250	00	3	875	00		9	2625	00		3	1125	00	9	3375	00
4	1000	00	10	2500	00	4	1166	66	$\frac{2}{3}$	10	2916	66	$\frac{2}{3}$	4	1500	00	10	3750	00
5	1250	00	11	2750	00	5	1458	33	$\frac{1}{3}$	11	3208	33		5	1875	00	11	4125	00
6	1500	00				6	1750	00						6	2250	00			

JOUR.	fr.	c.	mil.	JOUR.	fr.	c.	mil.	JOUR.	fr.	c.	mil.
1	8	33	3/9	1	9	72	2/9	1	12	50	
2	16	66	6/9	2	19	44	4/9	2	25	00	
3	25	00		3	29	16	6/9	3	37	50	
4	33	33	3/9	4	38	88	8/9	4	50	00	
5	41	66	6/9	5	48	61	1/9	5	62	50	
6	50	00		6	53	33	3/9	6	75	00	
7	58	33	3/9	7	68	05	5/9	7	87	50	
8	66	66	6/9	8	77	77	7/9	8	100	00	
9	75	00		9	87	50		9	112	50	
10	83	33	3/9	10	97	22	2/9	10	125	00	
11	91	66	6/9	11	106	94	4/9	11	137	50	
12	100	00		12	116	66	6/9	12	150	00	
13	108	33	3/9	13	126	38	8/9	13	162	50	
14	116	66	6/9	14	136	11	1/9	14	175	00	
15	125	00		15	145	83	3/9	15	187	50	
16	133	33	3/9	16	155	55	5/9	16	200	00	
17	141	66	6/9	17	165	27	7/9	17	212	50	
18	150	00		18	175	00		18	225	00	
19	158	33	3/9	19	184	72	2/9	19	237	50	
20	166	66	6/9	20	194	44	4/9	20	250	00	
21	175	00		21	204	16	6/9	21	262	50	
22	183	33	3/9	22	213	88	8/9	22	275	00	
23	191	66	6/9	23	223	61	1/9	23	287	50	
24	200	00		24	233	33	3/9	24	300	00	
25	208	33	3/9	25	243	05	5/9	25	312	50	
26	216	66	6/9	26	252	77	7/9	26	325	00	
27	225	00		27	262	50		27	337	50	
28	233	33	3/9	28	272	22	2/9	28	350	00	
29	241	66	6/9	29	281	94	4/9	29	362	50	
30	250	00		30	291	66	6/9	30	375	00	

5,000 FR. PAR AN.	10,000 FR. PAR AN.	15,000 FR. PAR AN.
SOLDE A TERRE des CAPITAINES de vaisseau de 1re classe et des COMMISSAIRES de 1re classe	SOLDE A TERRE des CONTRE-AMIRAUX.	SOLDE A TERRE des VICE-AMIRAUX.

MOIS	fr.	c.	m	MOIS	fr.	c.	m	MOIS	fr.	c.	m	MOIS	fr.	c.	m	MOIS	fr.	c.	MOIS	fr.	c.
1	416	66	⅔	7	2916	66	⅔	1	833	33	⅓	7	5833	33	⅓	1	1250	»	7	8750	»
2	833	33	⅓	8	3333	33	⅓	2	1666	66	⅔	8	6666	66	⅔	2	2500	»	8	10000	»
3	1250	00		9	3750	00		3	2500	00		9	7500	00		3	3750	»	9	11250	»
4	1666	66	⅔	10	4166	66	⅔	4	3333	33	⅓	10	8333	33	⅓	4	5000	»	10	12500	»
5	2083	33	⅓	11	4583	33	⅓	5	4166	66	⅔	11	9166	66	⅔	5	6250	»	11	13750	»
6	2500	00						6	5000	00						6	7500	»			

JOUR	fr.	c.	mil.	JOUR	fr	c	mil.	JOUR	fr.	c.	mil.
1	13	88	8/9	1	27	77	7/9	1	41	66	6/9
2	27	77	7/9	2	55	55	5/9	2	83	33	3/9
3	41	66	6/9	3	83	33	3/9	3	125	00	
4	55	55	5/9	4	111	11	1/9	4	166	66	6/9
5	69	44	4/9	5	138	88	8/9	5	208	33	3/9
6	83	33	3/9	6	166	66	6/9	6	250	00	
7	97	22	2/9	7	194	44	4/9	7	291	66	6/9
8	111	11	1/9	8	222	22	2/9	8	333	33	3/9
9	125	00		9	250	00		9	375	00	
10	138	88	8/9	10	277	77	7/9	10	416	66	6/9
11	152	77	7/9	11	305	55	5/9	11	458	33	3/9
12	166	66	6/9	12	333	33	3/9	12	500	00	
13	180	55	5/9	13	361	11	1/9	13	541	66	6/9
14	194	44	4/9	14	388	88	8/9	14	583	33	3/9
15	208	33	3/9	15	416	66	6/9	15	625	00	
16	222	22	2/9	16	444	44	4/9	16	666	66	6/9
17	236	11	1/9	17	472	22	2/9	17	708	33	3/9
18	250	00		18	500	00		18	750	00	
19	263	88	8/9	19	527	77	7/9	19	791	66	6/9
20	277	77	7/9	20	555	55	5/9	20	833	33	3/9
21	291	66	6/9	21	583	33	3/9	21	875	00	
22	305	55	5/9	22	611	11	1/9	22	916	66	6/9
23	319	44	4/9	23	638	88	8/9	23	958	33	3/9
24	333	33	3/9	24	666	66	6/9	24	1000	00	
25	347	22	2/9	25	694	44	4/9	25	1041	66	6/9
26	361	11	1/9	26	722	22	2/9	26	1083	33	3/9
27	375	00		27	750	00		27	1125	00	
28	388	88	8/9	28	777	77	7/9	28	1166	66	6/9
29	402	77	7/9	29	805	55	5/9	29	1208	33	3/9
30	416	66	6/9	30	833	33	3/9	30	1250	00	

30,000 FR. PAR AN.	833 fr. 33 c. PAR AN.	666 fr. 67 c. PAR AN.
AMIRAL.	SUPPLÉMENT d'un LIEUTENANT DE VAISSEAU de 1re classe chargé du détail.	SUPPLÉMENT d'un LIEUTENANT DE VAISSEAU de 2me classe chargé du détail.

MOIS

MOIS	fr.	c.	MOIS	fr.	c.	MOIS	fr.	c.	MOIS	fr.	c.	MOIS	fr.	c.	MOIS	fr.	c.
1	2500	»	7	17500	»	1	69	44	7	486	11	1	55	56	7	388	89
2	5000	»	8	20000	»	2	138	89	8	555	56	2	111	11	8	444	44
3	7500	»	9	22500	»	3	208	33	9	625	00	3	166	67	9	500	00
4	10000	»	10	25000	»	4	277	78	10	694	45	4	222	22	10	555	55
5	12500	»	11	27500	»	5	347	22	11	763	89	5	277	77	11	611	11
6	15000	»				6	416	67				6	333	33			

JOUR

JOUR	fr.	c.	mil	JOUR	fr.	c.	mil	JOUR	fr.	c.	mil
1	83	33	120	1	2	31	13/27	1	1	85	5/27
2	166	66	240	2	4	62	26/27	2	3	70	10/27
3	250	00		3	6	94	12/27	3	5	55	15/27
4	333	33	120	4	9	25	25/27	4	7	40	20/27
5	416	66	240	5	11	57	11/27	5	9	25	25/27
6	500	00		6	13	88	24/27	6	11	11	3/27
7	583	33	120	7	16	20	10/27	7	12	96	8/27
8	666	66	240	8	18	51	23/27	8	14	81	13/27
9	750	00		9	20	83	9/27	9	16	66	18/27
10	833	33	120	10	23	14	22/27	10	18	51	23/27
11	916	66	240	11	25	46	8/27	11	20	37	1/27
12	1000	00		12	27	77	21/27	12	22	22	6/27
13	1083	33	120	13	30	09	7/27	13	24	07	11/27
14	1166	66	240	14	32	40	20/27	14	25	92	16/27
15	1250	00		15	34	72	6/27	15	27	77	21/27
16	1333	33	120	16	37	03	19/27	16	29	62	26/27
17	1416	66	240	17	39	35	5/27	17	31	48	4/27
18	1500	00		18	41	66	18/27	18	33	33	9/27
19	1583	33	120	19	43	98	4/27	19	35	18	14/27
20	1666	66	240	20	46	29	17/27	20	37	03	19/27
21	1750	00		21	48	61	3/27	21	38	88	24/27
22	1833	33	120	22	50	92	16/27	22	40	74	2/27
23	1916	66	240	23	53	24	2/27	23	42	59	7/27
24	2000	00		24	55	55	15/27	24	44	44	12/27
25	2083	33	120	25	57	87	1/27	25	46	29	17/27
26	2166	66	240	26	60	18	14/27	26	48	14	22/27
27	2250	00		27	62	50		27	50	00	
28	2333	33	120	28	64	81	13/27	28	51	85	5/27
29	2416	66	240	29	67	12	26/27	29	53	70	10/27
30	2500	00		30	69	44	12/27	30	55	55	15/27

5,000 FR. PAR AN.						10,000 FR. PAR AN.						15,000 FR. PAR AN.					
SOLDE A TERRE des CAPITAINES de vaisseau de 1re classe et des COMMISSAIRES de 1re classe						SOLDE A TERRE des CONTRE-AMIRAUX.						SOLDE A TERRE des VICE-AMIRAUX.					
MOIS.	fr.	c.	m	MOIS.	fr.	c.	m	MOIS.	fr.	c.	m	MOIS.	fr.	c.	MOIS.	fr.	c.
1	416	66	c/m	7	2916	66		1	833	33		7	5833	33	1	1250	»	7	8750	»
2	833	33		8	3333	33		2	1666	66		8	6666	66	2	2500	»	8	10000	»
3	1250	00		9	3750	00		3	2500	00		9	7500	00	3	3750	»	9	11250	»
4	1666	66		10	4166	66		4	3333	33		10	8333	33	4	5000	»	10	12500	»
5	2083	33		11	4583	33		5	4166	66		11	9166	66	5	6250	»	11	13750	»
6	2500	00						6	5000	00					6	7500	»			

JOUR.	fr.	c.	mil	JOUR.	fr	c	mil.	JOUR.	fr.	c.	mil.
1	13	88	8/9	1	27	77	7/9	1	41	66	6/9
2	27	77	7/9	2	55	55	5/9	2	83	33	3/9
3	41	66	6/9	3	83	33	3/9	3	125	00	
4	55	55	5/9	4	111	11	1/9	4	166	66	6/9
5	69	44	4/9	5	138	88	8/9	5	208	33	3/9
6	83	33	3/9	6	166	66	6/9	6	250	00	
7	97	22	2/9	7	194	44	4/9	7	294	66	6/9
8	111	11	1/9	8	222	22	2/9	8	333	33	3/9
9	125	00		9	250	00		9	375	00	
10	138	88	8/9	10	277	77	7/9	10	416	66	6/9
11	152	77	7/9	11	305	55	5/9	11	458	33	3/9
12	166	66	6/9	12	333	33	3/9	12	500	00	
13	180	55	5/9	13	361	11	1/9	13	544	66	6/9
14	194	44	4/9	14	388	88	8/9	14	583	33	3/9
15	208	33	3/9	15	416	66	6/9	15	625	00	
16	222	22	2/9	16	444	44	4/9	16	666	66	6/9
17	236	11	1/9	17	472	22	2/9	17	708	33	3/9
18	250	00		18	500	00		18	750	00	
19	263	88	8/9	19	527	77	7/9	19	791	66	6/9
20	277	77	7/9	20	555	55	5/9	20	833	33	3/9
21	291	66	6/9	21	583	33	3/9	21	875	00	
22	305	55	5/9	22	611	11	1/9	22	916	66	6/9
23	319	44	4/9	23	638	88	8/9	23	958	33	3/9
24	333	33	3/9	24	666	66	6/9	24	1000	00	
25	347	22	2/9	25	694	44	4/9	25	1041	66	6/9
26	361	11	1/9	26	722	22	2/9	26	1083	33	3/9
27	375	00		27	750	00		27	1125	00	
28	388	88	8/9	28	777	77	7/9	28	1166	66	6/9
29	402	77	7/9	29	805	55	5/9	20	1208	33	3/9
30	416	66	6/9	30	833	33	3/9	30	1250	00	

30,000 FR. PAR AN. AMIRAL.				833 fr. 33 c. PAR AN. SUPPLÉMENT d'un LIEUTENANT DE VAISSEAU de 1re classe chargé du détail.				666 fr. 67 c. PAR AN. SUPPLÉMENT d'un LIEUTENANT DE VAISSEAU de 2me classe chargé du détail.			
MOIS.	fr.	c.	MOIS. fr. c.	MOIS.	fr.	c.	MOIS. fr. c.	MOIS.	fr.	c.	MOIS. fr. c.
1	2500	»	7 17500 »	1	69	44	7 486 11	1	55	56	7 3888 9
2	5000	»	8 20000 »	2	138	89	8 555 56	2	111	11	8 444 44
3	7500	»	9 22500 »	3	208	33	9 625 00	3	166	67	9 500 00
4	10000	»	10 25000 »	4	277	78	10 694 45	4	222	22	10 555 55
5	12500	»	11 27500 »	5	347	22	11 763 89	5	277	77	11 611 11
6	15000	»		6	416	67		6	333	33	

JOUR.	fr.	c.	mil	JOUR.	fr.	c.	mil	JOUR.	fr.	c.	mil
1	83	33	120	1	2	31	13/27	1	1	85	5/27
2	166	66	240	2	4	62	26/27	2	3	70	10/27
3	250	00		3	6	94	12/27	3	5	55	15/27
4	333	33	120	4	9	25	25/27	4	7	40	20/27
5	416	66	240	5	11	57	11/27	5	9	25	25/27
6	500	00		6	13	88	24/27	6	11	11	3/27
7	583	33	120	7	16	20	10/27	7	12	96	8/27
8	666	66	240	8	18	51	23/27	8	14	81	13/27
9	750	00		9	20	83	9/27	9	16	66	18/27
10	833	33	120	10	23	14	22/27	10	18	51	23/27
11	916	66	240	11	25	46	8/27	11	20	37	1/27
12	1000	00		12	27	77	21/27	12	22	22	6/27
13	1083	33	120	13	30	09	7/27	13	24	07	11/27
14	1166	66	240	14	32	40	20/27	14	25	92	16/27
15	1250	00		15	34	72	6/27	15	27	77	21/27
16	1333	33	120	16	37	03	19/27	16	29	62	26/27
17	1416	66	240	17	39	35	5/27	17	31	48	4/27
18	1500	00		18	41	66	18/27	18	33	33	9/27
19	1583	33	120	19	43	98	4/27	19	35	18	14/27
20	1666	66	240	20	46	29	17/27	20	37	03	19/27
21	1750	00		21	48	61	3/27	21	38	88	24/27
22	1833	33	120	22	50	92	16/27	22	40	74	2/27
23	1916	66	240	23	53	24	2/27	23	42	59	7/27
24	2000	00		24	55	55	15/27	24	44	44	12/27
25	2083	33	120	25	57	87	1/27	25	46	29	17/27
26	2166	66	240	26	60	18	14/27	26	48	14	22/27
27	2250	00		27	62	50		27	50	00	
28	2333	33	120	28	64	81	13/27	28	51	85	5/27
29	2416	66	240	29	67	12	26/27	29	53	70	10/27
30	2500	00		30	69	44	12/27	30	55	55	15/27

FRAIS DE BUREAU.

TARIFS DES FRAIS DE BUREAU.

Règlement du 24 Février 1821.

États-Majors Généraux.

		par mois
Chefs d'États-Majors ou Commissaires embarqués sur une	Armée navale composée de plus de 11 vaisseaux de ligne...	100 00
	Armée, Escadre ou division de 9 à 11 vaisseaux de ligne....	70 00
	Escadre ou division { de 5 à 8 vaisseaux...	50 00
	{ de 5 vais., quel que soit le nombre des bâti. de moind. rang	25 00

ÉTATS-MAJORS ET COMMIS AUX VIVRES.

ESPÈCE DE BATIMENS.	ÉTATS-MAJORS.		COMMIS AUX VIVRES
	Officiers chargés du détail et commis aux revue.	Officiers de santé.	
Vaisseaux			
A 3 ponts (1er et 2e rang)	20 00	5 00	3 00
A 2 ponts (vaisseaux de 3e et 4e rang et frégate de 1er rang)..........	16 00	4 00	2 50
Frégates............	12 00	3 00	2 00
Corvettes à 3 mâts, aviso de 12 canons et au-dessus , flûte ou gabare de 300 ton. et au-dessus	10 00	2 00	2 00
Avisos ou autre bâtiment armé en guerre au-dessous de 12 canons et gabares au-dessous de 300 tonneaux..........	8 00	1 50	1 50

Pour les bâtimens de rang inférieur.

Une indemnité de 8 fr. par mois sera également accordée :
1º A l'Officier chargé du détail à bord d'un bâtiment où il ne sera pas embarqué de Commis aux Revues.
2º Au Commandant du bâtiment , lorsqu'il n'y sera embarqué ni Officier chargé du détail , ni Commis aux revues.

NOTA. Les autres frais de bureau s'élevant à 100 f. , à 70 f. , à 25 f. , à 12 f. , à 10 f. et 8 f. par mois , se trouvent dans le décompteur de la première et deuxième partie.

840 FR. PAR AN.

FRAIS DE BUREAU
des Chefs d'État-Majors ou Commissaires embarqués sur une armée , escadre ou division de 9 à 11 vais. de ligne

MOIS.	fr.	c.	MOIS.	fr.	c.
1	70	00	7	490	00
2	140	00	8	560	00
3	210	00	9	630	00
4	280	00	10	700	00
5	350	00	11	770	00
6	420	00			

JOUR.	fr.	c.	mil.
1	2	33	3/9
2	4	66	6/9
3	7	00	
4	9	33	3/9
5	11	66	6/9
6	14	00	
7	16	33	3/9
8	18	66	6/9
9	21	00	
10	23	33	3/9
11	25	66	6/9
12	28	00	
13	30	33	3/9
14	32	66	6/9
15	35	00	
16	37	33	3/9
17	39	66	6/9
18	42	00	
19	44	33	3/9
20	46	66	6/9
21	49	00	
22	51	33	3/9
23	53	66	6/9
24	56	00	
25	58	33	3/9
26	60	66	6/9
27	63	00	
28	65	33	3/9
20	67	66	6/9
30	70	00	

192 FR. PAR AN.

FRAIS DE BUREAU des Officiers chargés du détail et Commis d'administration sur des vaisseaux de 3e et 4e rang et frégates de 1er rang.

MOIS.	fr.	c.	m	MOIS.	fr.	c.	m
1	16	00		7	112	00	
2	32	00		8	128	00	
3	48	00		9	144	00	
4	64	00		10	160	00	
5	80	00		11	176	00	
6	96	00					

JOUR	fr.	c.	mil.
1	0	53	3/9
2	1	06	6/9
3	1	60	
4	2	13	3/9
5	2	66	6/9
6	3	20	
7	3	73	3/9
8	4	26	6/9
9	4	80	
10	5	33	3/9
11	5	86	6/9
12	6	40	
13	6	93	3/9
14	7	46	6/9
15	8	00	
16	8	53	3/9
17	9	06	6/9
18	9	60	
19	10	13	3/9
20	10	66	6/9
21	11	20	
22	11	73	3/9
23	12	26	6/9
24	12	80	
25	13	33	3/9
26	13	86	6/9
27	14	40	
28	14	93	3/9
29	15	46	6/9
30	16	00	

96 FR. PAR AN.

FRAIS DE BUREAU des Officiers chargés du détail et Commis d'administration sur les brigs-avisos ou autre bâtiment au-dessous de 12 can. et gabares au-dessous de 300 t

MOIS.	fr.	c.	MOIS.	fr.	c.
1	8	00	7	56	00
2	16	00	8	64	00
3	24	00	9	72	00
4	32	00	10	80	00
5	40	00	11	88	00
6	48	00			

JOUR.	fr.	c.	mil.
1	0	26	6/9
2	0	53	3/9
3	0	80	
4	1	06	6/9
5	1	33	3/9
6	1	60	
7	1	86	6/9
8	2	13	3/9
9	2	40	
10	2	66	6/9
11	2	93	3/9
12	3	20	
13	3	46	6/9
14	3	73	3/9
15	4	00	
16	4	26	6/9
17	4	53	3/9
18	4	80	
19	5	06	6/9
20	5	33	3/9
21	5	60	
22	5	86	6 9
23	6	13	3,9
24	6	40	
25	6	66	6 9
26	6	93	3/9
27	7	20	
28	7	46	6/9
29	7	73	3/9
30	8	00	

60 FR. PAR AN.

FRAIS DE BUREAU des Officiers de santé sur des vaisseaux à 3 ponts, (1er et 2me rang.)

MOIS.	fr.	c.	MOIS.	fr.	c.
1	5	00	7	35	00
2	10	00	8	40	00
3	15	00	9	45	00
4	20	00	10	50	00
5	25	00	11	55	00
6	30	00			

JOUR.	fr.	c.	mil.
1	0	16	6/9
2	0	33	3/9
3	0	50	
4	0	66	6/9
5	0	83	3/9
6	1	00	
7	1	16	6/9
8	1	33	3/9
9	1	50	
10	1	66	6/9
11	1	83	3/9
12	2	00	
13	2	16	6/9
14	2	33	3/9
15	2	50	
16	2	66	6/9
17	2	83	3/9
18	3	00	
19	3	16	6/9
20	3	33	3/9
21	3	50	
22	3	66	6/9
23	3	83	3/9
24	4	00	
25	4	16	6/9
26	4	33	3/9
27	4	50	
28	4	66	6/9
29	4	83	3/9
30	5	00	

FRAIS DE BUREAU.

TARIFS DES FRAIS DE BUREAU.

Règlement du 24 Février 1821.

États-Majors Généraux.

			par mois
Chefs d'Etats-Majors ou Commissaires embarqués sur une	Armée navale composée de plus de 11 vaisseaux de ligne...		100 00
	Armée, Escadre ou division de 9 à 11 vaisseaux de ligne....		70 00
	Escadre ou division	de 5 à 8 vaisseaux...	50 00
		de 5 vais., quel que soit le nombre des bâti. de moind. rang	25 00

ÉTATS-MAJORS ET COMMIS AUX VIVRES.

ESPÈCE DE BATIMENS.	ETATS-MAJORS. Officiers chargés du détail et commis aux revue.	Officiers de santé.	COMMIS AUX VIVRES
Vaisseaux			
A 3 ponts (1er et 2e rang)	20 00	5 00	3 00
A 2 ponts (vaisseaux de 3e et 4e rang et frégate de 1er rang).....	16 00	4 00	2 50
Frégates............	12 00	3 00	2 00
Corvettes à 3 mâts, aviso de 12 canons et au-dessus, flûte ou gabare de 300 ton. et au-dessus	10 00	2 00	2 00
Avisos ou autre bâtiment armé en guerre au-dessous de 12 canons et gabares au-dessous de 300 tonneaux...........	8 00	1 50	1 50

Pour les bâtimens de rang inférieur.

Une indemnité de 8 fr. par mois sera également accordée :
1° A l'Officier chargé du détail à bord d'un bâtiment où il ne sera pas embarqué de Commis aux Revues.
2° Au Commandant du bâtiment, lorsqu'il n'y sera embarqué ni Officier chargé du détail, ni Commis aux revues.

NOTA. Les autres frais de bureau s'élevant à 100 f., à 20 f., à 25 f., à 12 f., à 10 f. et 3 f. par mois, se trouvent dans le décompteur de la première et deuxième partie.

---

840 FR. PAR AN.

FRAIS DE BUREAU des **Chefs d'Etat-Majors** ou Commissaires embarqués sur une armée, escadre ou division de 9 à 11 vais. de ligne

MOIS.	fr.	c.	MOIS.	fr.	c.
1	70	00	7	490	00
2	140	00	8	560	00
3	210	00	9	630	00
4	280	00	10	700	00
5	350	00	11	770	00
6	420	00			

JOUR.	fr.	c.	mil.
1	2	33	3/9
2	4	66	6/9
3	7	00	
4	9	33	3/9
5	11	66	6/9
6	14	00	
7	16	33	3/9
8	18	66	6/9
9	21	00	
10	23	33	3/9
11	25	66	6/9
12	28	00	
13	30	33	3/9
14	32	66	6/9
15	35	00	
16	37	33	3/9
17	39	66	6/9
18	42	00	
19	44	33	3/9
20	46	66	6/9
21	49	00	
22	51	33	3/9
23	53	66	6/9
24	56	00	
25	58	33	3/9
26	60	66	6/9
27	63	00	
28	65	33	3/9
29	67	66	6/9
30	70	00	

192 FR. PAR AN.	96 FR. PAR AN.	60 FR. PAR AN.
FRAIS DE BUREAU des Officiers chargés du détail et Commis d'administration sur des vaisseaux de 3e et 4e rang et frégates de 1er rang.	FRAIS DE BUREAU des Officiers chargés du détail et Commis d'administration sur les brigs-avisos ou autre bâtiment au-dessous de 12 can. et gabares au-dessous de 300 t.	FRAIS DE BUREAU des Officiers de santé sur des vaisseaux à 3 ponts, (1er et 2me rang.)

MOIS.	fr.	c. m	MOIS.	fr.	c. m
1	16	00	7	112	00
2	32	00	8	128	00
3	48	00	9	144	00
4	64	00	10	160	00
5	80	00	11	176	00
6	96	00			

MOIS.	fr.	c.	MOIS.	fr.	c.
1	8	00	7	56	00
2	16	00	8	64	00
3	24	00	9	72	00
4	32	00	10	80	00
5	40	00	11	88	00
6	48	00			

MOIS.	fr.	c.	MOIS.	fr.	c.
1	5	00	7	35	00
2	10	00	8	40	00
3	15	00	9	45	00
4	20	00	10	50	00
5	25	00	11	55	00
6	30	00			

JOUR	fr.	c.	mil.	JOUR.	fr.	c	mil.	JOUR.	fr.	c.	mil.
1	0	53	3/9	1	0	26	6/9	1	0	16	6/9
2	1	06	6/9	2	0	53	3/9	2	0	33	3/9
3	1	60		3	0	80		3	0	50	
4	2	13	3/9	4	1	06	6/9	4	0	66	6/9
5	2	66	6/9	5	1	33	3/9	5	0	83	3/9
6	3	20		6	1	60		6	1	00	
7	3	73	3/9	7	1	86	6/9	7	1	16	6/9
8	4	26	6/9	8	2	13	3/9	8	1	33	3/9
9	4	80		9	2	40		9	1	50	
10	5	33	3/9	10	2	66	6/9	10	1	66	6/9
11	5	86	6/9	11	2	93	3/9	11	1	83	3/9
12	6	40		12	3	20		12	2	00	
13	6	93	3/9	13	3	46	6/9	13	2	16	6/9
14	7	46	6/9	14	3	73	3/9	14	2	33	3/9
15	8	00		15	4	00		15	2	50	
16	8	53	3/9	16	4	26	6/9	16	2	66	6/9
17	9	06	6/9	17	4	53	3/9	17	2	83	3/9
18	9	60		18	4	80		18	3	00	
19	10	13	3/9	19	5	06	6/9	19	3	16	6/9
20	10	66	6/9	20	5	33	3/9	20	3	33	3/9
21	11	20		21	5	60		21	3	50	
22	11	73	3/9	22	5	86	6,9	22	3	66	6/9
23	12	26	6/9	23	6	13	3/9	23	3	83	3/9
24	12	80		24	6	40		24	4	00	
25	13	33	3/9	25	6	66	6 9	25	4	16	6/9
26	13	86	6/9	26	6	93	3/9	26	4	33	3/9
27	14	40		27	7	20		27	4	50	
28	14	93	3/9	28	7	46	6/9	28	4	66	6/9
29	15	46	6/9	29	7	73	3/9	29	4	83	3/9
30	16	00		30	8	00		30	5	00	

48 FR. PAR AN.

FRAIS DE BUREAU
des Officiers de santé sur des
vaisseaux à 2 ponts,
vaisseaux de 3e et 4e rang
et frégates do 1er rang.

MOIS.	fr.	c.	MOIS.	fr.	c.
1	4	00	7	28	00
2	8	00	8	32	00
3	12	00	9	36	00
4	16	00	10	40	00
5	20	00	11	44	00
6	24	00			

JOUR.	fr.	c.	mil.
1	0	13	3|9
2	0	26	6|9
3	0	40	
4	0	53	3|9
5	0	66	6|9
6	0	80	
7	0	93	3|9
8	1	06	6|9
9	1	20	
10	1	33	3|9
11	1	46	6|9
12	1	60	
13	1	73	3|9
14	1	86	6|9
15	2	00	
16	2	13	3|9
17	2	26	6|9
18	2	40	
19	2	53	3|9
20	2	66	6|9
21	2	80	
22	2	93	3|9
23	3	06	6|9
24	3	20	
25	3	33	3|9
26	3	46	6|9
27	3	60	
28	3	73	3.9
29	3	86	6.9
30	4	00	

30 FR. PAR AN.

FRAIS DE BUREAU
des Commis aux vivres sur des
vaisseaux à 2 ponts,
vaisseaux de 3e et 4e rang
et frégates de 1er rang.

MOIS.	fr.	c.	MOIS.	fr.	c.
1	2	50	7	17	50
2	5	00	8	20	00
3	7	50	9	22	50
4	10	00	10	25	00
5	12	50	11	27	50
6	15	00			

JOUR.	fr.	c.	mil.
1	0	08	3|9
2	0	16	6|9
3	0	25	
4	0	33	3|9
5	0	41	6|9
6	0	50	
7	0	58	3|9
8	0	66	6|9
9	0	75	
10	0	83	3|9
11	0	91	6|9
12	1	00	
13	1	08	3|9
14	1	16	6|9
15	1	25	
16	1	33	3|9
17	1	44	6|9
18	1	50	
19	1	58	3|9
20	1	66	6|9
21	1	75	
22	1	83	3|9
23	1	91	6|9
24	2	00	
25	2	08	3|9
26	2	16	6|9
27	2	25	
28	2	33	3|9
29	2	44	6|9
30	2	50	

24 FR. PAR AN.

FRAIS DE BUREAU
des Commis aux vivres sur des
frégates, corvettes,
avisos, flûtes, ou gabarres
de 300 tonneaux.

MOIS.	fr.	c.	MOIS.	fr.	c.
1	2	00	7	14	00
2	4	00	8	16	00
3	6	00	9	18	00
4	8	00	10	20	00
5	10	00	11	22	00
6	12	00			

JOUR.	fr.	c.	mil.
1	0	06	6|9
2	0	13	3|9
3	0	20	
4	0	26	6|9
5	0	33	3|9
6	0	40	
7	0	46	6|9
8	0	53	3|9
9	0	60	
10	0	66	6|9
11	0	73	3,9
12	0	80	
13	0	86	6|9
14	0	93	3|9
15	1	00	
16	1	06	6|9
17	1	13	3|9
18	1	20	
19	1	26	6|9
20	1	33	3|9
21	1	40	
22	1	46	6|9
23	1	53	3|9
24	1	60	
25	1	66	6|9
26	1	73	3|9
27	1	80	
28	1	86	6|9
29	1	93	3|9
30	2	00	

18 FR. PAR AN.

FRAIS DE BUREAU
des Officiers de santé et Commis
aux vivres sur des avisos ou
autres bâtim au-dessous de 12
canons et gabares au-dessous
de 300 tonneaux.

MOIS	fr.	c.	MOIS	fr.	c.
1	1	50	7	10	50
2	3	00	8	12	00
3	4	50	9	13	50
4	6	00	10	15	00
5	7	50	11	16	50
6	9	00			

JOUR.	fr.	c.	mil.
1	0	05	
2	0	10	
3	0	15	
4	0	20	
5	0	25	
6	0	30	
7	0	35	
8	0	40	
9	0	45	
10	0	50	
11	0	55	
12	0	60	
13	0	65	
14	0	70	
15	0	75	
16	0	80	
17	0	85	
18	0	90	
19	0	95	
20	1	00	
21	1	05	
22	1	10	
23	1	15	
24	1	20	
25	1	25	
26	1	30	
27	1	35	
28	1	40	
29	1	45	
30	1	50	

ORDONNANCE ROYALE DU 11 OCTOBRE 1836.

Les Commis d'administration recevront, comme Secrétaires des Conseils de bord, la moitié en sus des frais de bureau qui leur sont accordés, selon le rang des bâtiments sur lesquels ils sont embarqués, à la charge par eux de pourvoir les Conseils de fournitures de bureau nécessaires à la tenue de leurs séances, les registres exceptés.

Fin.

TARIF DE SOLDE.

COMMISSARIAT DE LA MARINE.

Commissaire-Général , 1re classe........	10,000f.
——————— 2e classe.........	7,000
Commissaire de 1re classe.	5,000
———— de 2e classe	4,000
Sous-Commissaire , 1re classe..........	3,000
——————— 2e classe	2,400
Commis Principal.................	2,000
Commis de 1re classe	1,600
——— de 2e classe	1,200

TARIF DE LA SOLDE DES OFFICIERS DE SANTÉ A TERRE (1).

	Solde	Supplémt
	PAR AN.	
Inspecteur-Général (2)............	10,000	1,500
Premiers officiers de santé en chef président les conseils de santé de Brest , Toulon et Rochefort..........	5,000	600
Premiers officiers de santé en chef....	5,000	»
Seconds officiers de santé en chef. ...	3,500	»
Professeurs.................	3,000	»
40 plus anciens chirurgiens de 1re classe	2,400	500
Chirurgiens de 1re classe..........	2,400	»
———— de 2e classe	1,800	»
———— de 3e classe	1,200	»
Pharmaciens de 1re classe..........	2,400	»
———— de 2e classe	1,800	»
———— de 3e classe	1,200	»

(1) Ce service a été organisé par les ordonnances des 17 Juillet 1835 , et 27 avril 1837.
(2) Fournitures de bureau 600 fr. , frais d'écriture 900 fr.
NOTA. Vacations ou supplément du tiers de la solde de grade , dans les cas de mission ou autres prévus par l'article du 20 pluviôse an IX.

TARIF annexé à l'Ordonnance du 14 décembre 1840.

Fixation annuelle de l'Indemnité de Logement.

Au Major-Général , au Commissaire-Général , aux Directeurs des Constructions navales et des travaux hydrauliques à Brest et à Toulon	1,500
Aux mêmes à Rochefort	1,200
Aux mêmes à Cherbourg et à Lorient......	1,000
Aux capitaines de vaisseaux	960
Capitaines de corvette	720
Lieutenants de vaisseaux	360
Enseignes de vaisseaux.............	240
Ingénieurs de 1re classe..............	960
Ingénieurs de 2e classe	720
Sous-Ingénieurs de 1re et 2e classe.	360
Sous-Ingénieurs de 3e classe et Élèves	240
Ingénieurs hydrographes de 1re classe	960
——————————— de 2e classe	840
——————————— de 2e classe	360
Sous-Ingénieurs et Élèves.	240
Commissaires de la marine	960
Sous-Commissaires	360
Commis principaux et ordinaires du Commissariat et des Directions	240

Directeur des subsistances..............	960
Sous-Directeur ou Garde-Magasin........	360
Commis principaux et ordinaires........	240
1er Médecin , 1er Chirurgien , 1er Pharmacien en chef	960
2e Médecin , 2e Chirurgien , 2e Pharmacien en chef.....................	840
Médecins , Chirurgiens et Pharmaciens professeurs	720
Chirurgiens et Pharmaciens de 1re classe ...	360
Chirurgiens et Pharmaciens de 2e et 3e classe	240
Commissaire du Roi , rapporteur , à Brest et à Toulon	960
Commissaire du Roi , rapporteur , à Rochefort Lorient , Cherbourg et Grefliers à Brest , Rochefort et Toulon..............	360
Grefliers à Cherbourg et Lorient........	240
Aumôniers de 1re et 2e classe	360
Professeurs d'hydrographie de 1re classe....	840
——————————— de 2e classe. ...	360
——————————— de 3e classe	240

Les Officiers en congé , en prolongation de congé , en mission dans l'intérêt de la France , aux hôpitaux ou aux eaux , ceux appelés en témoignage , près d'un tribunal civil ou militaire , continueront d'avoir droit , sans interruption , à l'indemnité de logement.

Traitement de table ordinaire par jour.

	COMMANDANT EN CHEF.	COMMANDANT UNE DIVISION	
Amiral.	»	»	Le traitement de table d'un Amiral est fixé par le Ministre. (Ordonnance du 28 septembre 1830.)
Vice–Amiral	60 00	50 00	
Contre–Amiral	55 00	40 00	**Extrait de l'Ordonnance du 15 mai 1834 ,** Qui accorde un supplément de traitement de table dans divers parages, à partir du 1er juillet 1834.
Capitaine de vaisseau.	24 00	35 00	ART. 1er. A dater du 1er juillet 1834 , il sera alloué aux Officiers Généraux , Officiers Commandants , Officiers des États-Majors , ou autres en fesant partie, ainsi qu'aux
Capitaine de corvette	18 00	»	Élèves de la marine embarqués sur les bâtiments employés dans les mers au-delà des Tropiques , un supplément au traitement de table réglementaire , lequel demeure fixé dans les proportions suivantes ; savoir :
Lieutenant de vaisseau	12 00	»	Moitié en sus pour les Etats-Majors des bâtiments employés dans les rades et mers des Antilles , du Golfe du Mexique, de la Colombie , des Guianes , du Brésil et de la Plata , et de toute la côte occidentale de l'Amérique, et
ÉTAT–MAJOR.			un tiers pour les Officiers Généraux et les Capitaines des bâtiments. Un tiers en sus pour les Etats-majors des bâtiments employés à la côte occidentale d'Afrique, à Bourbon , à Maurice et dans les mers de l'Inde , et un quart
Lieutenant de vaisseau	2 25	»	pour les Officiers Généraux et les Capitaines des bâtiments. ART. 2. Ces suppléments seront payés à compter du jour où les Bâtiments , Escadres ou Divisions arriveront dans
Enseigne de vaisseau	2 25	»	un des lieux dépendant des stations désignées, et cesseront le jour où les bâtiments revenant en Europe auront coupé le Tropique du Cancer.
Commis d'Administration	2 25	»	ART. 3. En cas de destination mixte le supplément Colonial variera suivant les divers parages que les bâtiments auront parcourus.
Chirurgiens de 1re et 2e classe .	2 25	»	ART. 4. Des indemnités spéciales pourront être en outre accordées aux Officiers Généraux commandants, aux commandants particuliers des bâtiments et aux Etats-Majors des bâtiments qui , ayant d'autres destinations que celles
Élèves , Chirurgiens de 3e classe et Volontaires	1 00	»	ci-dessus désignées , se trouveront placés dans des circonstances exceptionnelles. ART. 5. Sont maintenues les dispositions de notre Ordonnance du 17 mars 1832, en ce qui n'est pas contraire aux dispositions de la présente. Signé : LOUIS-PHILIPPE. Signé : Cte DE RIGNY.

SOUS-OFFICIERS OU ASSIMILÉS (1).

Maîtres entretenus. . . . . Conducteurs des travaux maritimes. . . . . Commis aux vivres. . . . . Agents entretenus des chiourmes.	1 ' par journée de traitement (2).
Maîtres non entretenus, second maîtres et contre-maîtres. . . . . Gardiens-majors, portiers et infirmiers-majors	La moitié de la solde (2).

MARINS OU ASSIMILÉS.

Aides et quartiers-maîtres, agents des vivres, matelots, novices, mousses, barbiers, infirmiers et domestiques à la solde de l'État (3). . . . . Gardiens, gabiers et pompiers . . . . Ouvriers et apprentis à la solde de l'État ou des entrepreneurs de la marine (4).	*Idem* (2).

DISPOSITIONS SPÉCIALES.

Divers agens.	Capitaine du lazaret, à Brest. . . . . Chef de pilotage à Quillebœuf ou à Bayonne. . . . . . . Inspecteur des signaux à Brest. . . . . Inspecteurs des pêches à Saint-Servan . . . . Gardes-pêches. . . . . Guetteurs de signaux. . . . . Préposés au gardiennage du bassin de Dunkerque. .	A traiter comme officiers, sous-officiers ou marins suivant le grade qu'ils avaient au service: la retenue d'hôpital est à exercer en conséquence, d'après les indications ci-dessus.
Syndics des marins.		
Officiers et agents des colonies, pendant leur séjour en France.	dont les grades ou fonctions sont déjà prévus d'autre part.	Les mêmes retenues que pour les officiers et agents affectés au service de la métropole.
	Idem non prévus d'autre part	Le ministre ou l'autorité compétente qui autorise l'admission à l'hôpital, détermine, d'après les positions et les appointements, leur assimilation et la quotité de la retenue à exercer, d'après les indications précédentes
Demi-soldiers non incurables (5).		Leur demi-solde, moins 10 cent. par jour (6), qui sont laissés à leur disposition.
Pensionnaires de la marine. . . .	Officiers ou assimilés, maîtres entretenus, conducteurs des travaux, commis aux vivres et agents entretenus des chiourmes (7).	Même retenue que pour ceux en activité de service (6).
	Grades inférieurs.	Comme les demi-soldiers.

---

(1) La retenue est à exercer pour tous les jours de présence à l'hôpital, depuis le jour *inclus* de l'entrée, jusqu'au jour *exclus* de la sortie ou du décès.

(2) Sur la solde d'activité ou de congé, etc.

(3) Les domestiques des officiers-généraux et commandants des bâtiments de la flotte, ne sont reçus dans les hôpitaux que sur la demande de ces officiers, et qu'autant que ceux-ci s'engagent à rembourser leurs frais de maladie, à raison de 65 centimes par journée de traitement.

(4) Lorsque les marchés passés avec les entrepreneurs indiquent que les ouvriers qu'ils emploient seront reçus à l'hôpital aux frais de l'État, mais seulement dans les cas prévus par lesdits marchés.

(5) Toutefois ceux incurables, atteints de maladies guérissables, sont admis à l'hôpital; mais alors ils ne peuvent y être traités au-delà de 90 jours.

(6) Les dispositions de la note 3, page 1re, leur sont applicables.

(7) Ces pensionnaires ne sont admis aux frais de la marine que lorsque, étant atteints de maladies ou de blessures graves, il est constaté par l'autorité maritime et, à défaut, par celles du lieu de leur résidence, qu'ils ne peuvent se procurer chez eux les secours qui leur sont nécessaires. Les pensionnaires qui tombent malades là où il n'existe que des hospices civils, remboursent directement, aux administrateurs de ces établissements, les frais de leur traitement, lorsque le prix de la journée payé par la marine est égal ou inférieur à la retenue.

(Le présent tarif remplace, à compter du 1er avril 1840, celui annexé au décret du 4 février 1805 (15 pluviôse an XIII.)

Ordonnance Royale du 7 mars 1840.

TARIF (1) des retenues à exercer sur les appointements ou les salaires des officiers, sous-officiers et marins ou assimilés, pendant leur séjour à l'hôpital, aux frais de la marine ; Savoir :

CORPS.	GRADES.	MONTANT de la RETENUE (2).
	OFFICIERS OU ASSIMILÉS.	par jour (3).
Marine militaire........	Officiers supérieurs.	3 00
	Lieutenants de vaisseau	2 00
	Enseignes de vaisseau.	1 50
	Élèves et volontaires.	1 00
Génie maritime.........	Officiers supérieurs	3 00
	Sous-ingénieurs de 1re et de 2e classe . . .	2 00
	Idem de 3e classe	1 50
	Élèves.	1 20
Commissariat de la marine.	Officiers supérieurs.	3 00
	Sous-commissaires..	2 00
Subsistances de la marine .	Directeurs	3 00
	Sous-directeurs et gardes-magasins. . .	2 00
Travaux maritimes......	Ingénieurs en chef.	3 00
	Idem ordinaires.	2 00
	Élèves ingénieurs	1 50
Aumôniers de la marine .		2 00
Tribunaux maritimes.....	Commissaires rapporteurs : Brest, Rochefort et Toulon.	3 00
	Idem : Cherbourg et Lorient. . . .	2 00
	Greffiers : Brest, Rochefort et Toulon . . .	2 00
	Idem : Cherbourg et Lorient. . . .	1 50
Service de santé........	Officiers supérieurs	3 00
	Chirurgiens et pharmaciens de 1re classe. . .	2 00
	Idem de 2e classe	1 50
	Idem de 3e classe	1 20
Forges et usines de la marine	Agents comptables et chefs de section. . .	2 00
	Conducteurs principaux	1 50
	Idem de 1re classe.	1 40
	Idem de 2e et de 3e classe	1 20
Divers services..........	Commis principaux.	1 50
	Idem de 1re classe.	1 40
	Idem de 2e et de 3e classe (4) . . .	1 20
	Écrivains.	1 00
Ingénieurs-hydrographes..	Ingénieurs de 1re, de 2e et de 3e classe..	3 00
	Sous-ingénieurs..	1 50
	Élèves.	1 20
Examinateurs et professeurs d'hydrographie.......	Examinateurs et professeurs de 1re classe..	3 00
	Professeurs de 2e classe	2 00
	Idem de 3e et de 4e classe	1 50
Trésoriers des invalides de la marine............	De 1re et de 2e classe.	2 00
	De 3e et 4e classe.	1 50
Professeurs des écoles de maistrance...........	À 1,200 francs	1 20
	Au-dessous de 1,200 francs	1 00

(1) Le présent tarif n'est pas applicable : 1° aux équipages de ligne ; 2° à l'artillerie ; 3° à l'infanterie et à la gendarmerie de la marine ; 4° à la compagnie de discipline à Lorient ; 5° aux compagnies des gardes chiourmes, leurs soldes étant déterminées par des ordonnances et règlements y relatifs.

(2) Cette retenue est exercée aussi bien sur les appointements d'activité que sur la portion de solde de congé ou autres positions d'absence.

(3) La retenue s'exerce depuis le jour *inclus* de l'entrée à l'hôpital jusqu'au jour *exclus* de la sortie ou du décès. Lorsqu'un officier ou assimilé a passé un mois entier à l'hôpital, le décompte relatif à la retenue s'établit à raison de 30 jours.

(4) Service des subsistances et des forges et des fonderies.

TARIF *de la solde et accessoires de la solde des officiers-mariniers et marins, à terre et à la mer.*

SOLDE JOURNALIÈRE.

Grades et Professions.	DE PRÉSENCE			D'ABSENCE					SUPPLÉMENT à LA SOLDE
	à terre	embarqué	En marche avec le pain	SECONDE, en chambre et en captivité.	HÔPITAL.				
					FÉVRIERS.		VÉNÉRIENS.		
				à terre	embarqué	à terre	embarqué	à terre	embarqué

SUPPLÉMENTS.

1. Aux premiers maîtres et maîtres chargés, aux capitaines d'armes, aux maîtres armuriers-longeurs et aux magasiniers, quand l'État a l'obligation d'assurer des approvisionnements de ces grades …

2. Aux seconds maîtres des deux classes chargés sur les bâtiments du rang inférieur …

3. Aux seconds maîtres des deux classes remplissant, à défaut des titulaires, les fonctions de maîtres chargés de manœuvre, de canonnage, de timonerie, de charpentage, de calfatage et de voilerie, sur les vaisseaux, frégates et corvettes de 20 et 30 …

4. Aux seconds maîtres canonniers remplissant les fonctions de capitaines d'armes …

5. Aux seconds maîtres canonniers de 2e classe et aux quartiers-maîtres canonniers de 1re classe remplissant les fonctions de capitaines d'armes de 3e classe …

6. Aux quartiers-maîtres …

7. Aux quartiers-maîtres chargés à bord des bâtiments légers où le règlement n'accorde point de seconds maîtres …

8. Aux quartiers-maîtres remplissant les fonctions de seconds maîtres non chargés …

9. Aux seconds maîtres et quartiers-maîtres de charpentage et de calfatage réunissant les deux professions …

10. Aux matelots des trois classes remplissant les fonctions de quartiers-maîtres de charpentage, de calfatage et de voilerie, et aux chefs de bosse …

11. Aux matelots remplissant les fonctions de quartiers-maîtres de charpentage, de calfatage …

12. Aux gabiers et chefs de pièce …

13. Aux chaufeurs, premiers servants de gauche des canon-obusiers, et timoniers modernes …

14. Aux marins remplissant les fonctions …

15. Altération facultative à des marins …

16. Aux marins employés comme secrétaires dans les bureaux …

17. Aux marins employés comme écrivains des commandements en second …

18. Aux marins chargés de l'enseignement élémentaire …

FRAIS. Tous les suppléments ci-dessus doivent cesser d'être payés …

Frais de route des officiers-mariniers et marins voyageant isolément …

À chaque tambour et à chaque clairon, par journée de marche …

Solde et Supplément de Solde des Mécaniciens et Chauffeurs de tous grades.

La solde des mécaniciens et chauffeurs de tous grades se distingue en *solde à terre* et *solde à la mer*.
A terre, la solde sera acquittée de mois en mois, à terme échu;
A la mer, elle sera payée en même temps que celle des équipages des bâtiments sur lesquels ils sont embarqués. La solde, dans toutes les positions, est fixée ainsi qu'il est déterminé au tableau suivant:

GRADES.		SOLDE A TERRE.				SOLDE A LA MER.			
		par AN.	par MOIS.	par JOUR.	par JOUR H.	par AN.	par MOIS.	par JOUR.	par JOUR H.
Maîtres-mécaniciens { de 1re classe....		700f	58f 333	1f 944	0f 972	2,100f	175f	5f 83c	2 91cc
de 2e classe....		600	50 00	1 667	0 833	1,800	150	5 »	2 50
Seconds-maîtres { de 1re classe...		500	41 667	1 389	0 694	1,500	125	4 16ccc	2 08cc
mécaniciens...... { de 2e classe...		400	33 333	1 111	0 555	1,200	100	3 33ccc	1 66cc
Aides-mécaniciens. { de 1re classe...		340	28 333	0 944	0 472	1,020	85	2 83ccc	1 41cc
de 2e classe....		280	23 333	0 778	0 389	840	70	2 33ccc	1 16cc
Fourrier, chargé des écritures.........		792	66 00	2 20	1 100	»	»	»	»
Chauffeurs........ { de 1re classe....		216	18 00	0 590	0 295	648	54	1 80	0 90
de 2e classe....		180	15 00	0 492	0 246	540	45	1 50	0 75

Il est accordé en outre : une demi-journée de solde pour la fête du Roi ; 0 fr. 25 c. par jour au vaguemestre de la compagnie ; 0 fr. 20 c. par jour au fourrier chargé de la tenue des écritures ; et la haute-paye d'ancienneté de 12 ou de 15 centimes par jour, ainsi que cela est déterminé pour les marins des équipages de ligne. Soutier, un supplément de 0 fr. 10 c. par jour.

Indépendamment de la solde et des suppléments indiqués dans le tableau ci-dessus, il sera accordé une gratification de 150 à 300 francs, à titre d'encouragement, à tout mécanicien en chef qui aura maintenu dans le meilleur état possible, pendant deux ans, les machines et les chaudières confiées à ses soins, lorsque, durant ce laps de temps, elles auront fonctionné au moins cent quatre-vingts jours.

Ordonnance du 11 octobre 1836.

TARIF des Retenues à exercer sur la Solde des Marins pour frais d'arrestation et de capture.

FRAIS D'ARRESTATION.

Dans l'arsenal 2f
En ville . . . . 3 } Pour les marins absents non encore dénoncés
Hors de l'enceinte de la ville . . . . 5 } déserteurs, et dont la poursuite aura été
Au delà d'un myriamètre . . . . 6 } réclamée.

FRAIS DE CAPTURE.

Lorsque le marin aura été dénoncé déserteur, quel que soit le lieu où il sera arrêté 12f

Hors de France, les frais d'arrestation et de capture seront réglés de gré à gré avec les consuls ou avec les autorités locales, et, dans tous les cas, la retenue à supporter par les marins ne pourra excéder 12 francs.

1° Les premiers-maîtres, et capitaines d'armes de 1re classe, promus au grade d'enseigne de vaisseau, touchent une gratification de 570 francs, à titre de 1re mise d'habillement.

2° Le jour de la fête du Roi, il est accordé à chaque officier-marinier et marin présent sous les armes une demi-journée de solde.

3° L'entretien de la musique des divisions de Brest et de Toulon est fixée à la somme de 9,000 francs pour chacune d'elles.

Elle est destinée à pourvoir à tous les frais qu'occasionne la musique, et à solder les gagistes. Elle est acquittable par douzièmes.

4° Il est mis à la disposition de chaque major de division de 1re classe une somme annuelle de de 160 fr. pour l'entretien des caisses et des clairons dont se servent les élèves formés dans les ports. Cette somme est de 130 fr. pour les divisions de 2e classe.

5° Et une somme de 400 fr. pour donner en gratification aux maîtres et aux meilleurs élèves de l'école de natation.

6° Au conseil d'administration de chaque division, 1 fr. 50 cent. par mois et par apprenti-fourrier pour fournitures de bureau.

7° Dans les divisions de 1res classe, il sera accordé à chaque école élémentaire de mathématiques, de lecture, d'écriture et d'arithmétique, quatre prix de fin d'année, le premier de la valeur de 40 fr. et les trois autres de 20 fr.

Les préfets maritimes des divisions de 2e classe détermineront les prix de fin d'année, et ils en soumettront la proposition au ministre.

Ces prix seront décernés par les majors-généraux, sur le rapport des professeurs.

8° Il est alloué 300 fr. par an à la division de Brest, 200 fr. à celle de Toulon, et 100 fr. seulement aux autres, pour être distribués, par les préfets maritimes, comme prime d'encouragement aux moniteurs et aux élèves les plus méritants des écoles élémentaires.

9° Les maîtres d'escrime recevront, à la fin de chaque trimestre, des frais d'entretien de matériel qui ne pourront s'élever au-delà de 2 fr. pour chacune des compagnies qui auront participé aux leçons pendant les trois mois échus.

Il pourra leur être accordé, par les inspecteurs généraux, une gratification de 6 à 12 fr. par compagnie, selon le zèle que ces maîtres auront déployé.

10° Les gratifications ci-après indiquées sont accordées dans les divers exercices du polygone aux officiers-mariniers et marins employés à terre ou embarqués :

Au tir du canon, de la caronade et de l'obusier de plein fouet, pour un blanc touché leur servant de but.........	1f 20
Au tir du canon et de l'obusier à ricochet, pour un ou plusieurs affûts touchés........	3 00
Au tir du mortier, pour une bombe tombée dans un grand cercle de 4 mètres de rayon, à la grande distance, approchant autant que possible de 600 mètres........	1 50
Au même tir, pour une bombe tombée dans le petit cercle de 2 mètres de rayon, à la même distance.........	2 00
Au même tir, à la distance de 400 mètres.........	1 00
Au même tir, pour une bombe qui aura coupé le mât sur lequel le tonneau est placé à la grande distance.........	10 00
Au même tir, à la distance de 400 mètres.........	5 00
Au même tir, pour une bombe qui aura atteint le tonneau à la grande distance, une montre d'argent de la valeur de.........	30 00
Au même tir, à la distance de 400 mètres.........	10 00
Au tir de la cible, pour une balle mise dans un cercle de 25 centimètres de rayon, à la distance de 200 mètres.........	0 25

Ces gratifications, pour les marins embarqués ou pour ceux qui vont s'exercer en rade, seront :

Pour un blanc touché à la distance de 3 à 5 encâblures, de.........	3 00
Pour une balle mise dans un cercle de 25 centimètres, à la distance que déterminera le commandant du bâtiment.........	0 25

Supplément de Solde accordé à compter du 1er janvier 1840, aux Maîtres Armuriers embarqués.

Maîtres Armuriers.	PAR JOUR F. C.
Sur les vaisseaux de 90 canons et au-desssus...............................	0 70
Sur les vaisseaux de 80 ——————.................................	0 50
Sur les frégates { de 60 ——————	0 40
de 50 ————————	0 35
de 40 ———————————	0 30

Aux Ouvriers armuriers embarqués comme maîtres à bord des autres bâtimens.

Sur les corvettes de 24 canons et au-dessus............................	0 30
Sur les bâtimens de 16 à 22 bouches à feu...............................	0 20
Et sur les autres bâtimens inférieurs..................................	0 15

Solde et Complément de Solde des Sergents et Caporaux d'armes embarqués.

Dépêche du 26 février 1842.	Sergent d'artillerie	Caporaux d'artillerie	Sergents d'infanterie (Elite.)	Sergents d'infanterie (Centre.)	Caporaux d'infanterie (Elite.)	Caporaux d'infanterie (Centre.)	
	F. C.	F. C.	F. C.	R. C.	F. C.	F. C.	
Solde militaire comme étant embarqué...	0 96	0 67	0 70	0 60	0 46	0 41	} net.
Masse individuelle...............................	0 10	0 10	0 10	0 10	0 10	0 10	
Masse générale d'habillement............	0 19	0 19	0 16	0 16	0 16	0 16	
TOTAL...........	1 25	0 96	0 96	0 86	0 72	0 67	net.
Solde déterminée par l'ordonnance du 16 septembre 1841..................	2 00	1 50	2 00	2 00	1 50	1 50	
Complément de solde pendant l'embarque'	0 75	0 54	1 04	1 14	0 78	0 83	brut.
Chevrons { 1.............................	0 15	0 12	0 10	0 10	0 08	0 08	} net.
2.............................	0 20	0 15	0 15	0 15	0 10	0 10	
3.............................	0 25	0 20	0 20	0 20	0 15	0 15	

ORDONNANCE du 11 octobre 1836.

HAUTES-PAYES.

Hautes-payes d'ancienneté pour les officiers-mariniers et marins.... {	Après 7 ans de services révolus, 1 chevron......	0 f. 12 c. par jour	
	—— 11 *idem*................ 2 *idem*.........	0 15 *idem.*	
	—— 15 *idem*................ 3 *idem*.........	0 15 *idem.*	
Hautes-payes... {	Au tambour-major..	0 35 *idem.*	
	Au tambour-maître.......................................	0 15 *idem.*	
	Aux officiers-mariniers faisant fonctions de vaguemestres.. {	A Brest et à Toulon............	0 50 *idem.*
		A Rochefort, Lorient et Cherbourg.	0 25 *idem.*

TABLEAU *indiquant la quotité des délégations que les officiers-mariniers et matelots sont autorisés à souscrire mensuellement en faveur de leurs femmes ou enfants, de leurs frères ou sœurs ou de leurs ascendants, à compter du 1er janvier* 1839. (Ordonnance royale du 15 août 1838.)

DÉSIGNATION DES GRADES.	QUOTITÉ de la délégation mensuelle	
	à terre.	embarqué.
	F.	F.
Maîtres de manœuvre, de canonnage et de timonerie de 1re classe.	30	30
——————————————— de 2e classe		
Capitaines d'armes de 1re classe.	27	27
Maîtres de charpentage, de calfatage et de voilerie de 1re classe		
——————————————— de 2e classe		
Capitaines d'armes de 2e classe	24	24
Seconds maîtres de manœuvre, de canonnage et de timonerie de 1re classe .		
——————————————— de 2e classe .	21	24
Maîtres armuriers-forgerons de 1re classe	21	21
Seconds maîtres de charpentage, de calfatage et de voilerie de 1re classe. .		
——————————————— de 2e classe . .	18	21
Maîtres armuriers-forgerons de 2e classe	18	18
Fourriers de 1re classe.		
Quartiers-maîtres de manœuvre, de canonnage et de timonerie des 2 classes	15	18
—————— de charpentage, de calfatage et de voilerie *idem*		
Fourriers de 2e classe	15	15
Matelots. . . . . . { de 1re classe	12	15
de 2e classe		
de 3e classe	8	8
Fourriers de 3e classe	12	12

Nota. Les pilotes-côtiers, quand il en sera embarqué, les armuriers, les magasiniers et les agens des subsistances pourront déléguer dans les mêmes proportions, eu égard à leur paye, comparée à celle des officiers mariniers et marins.

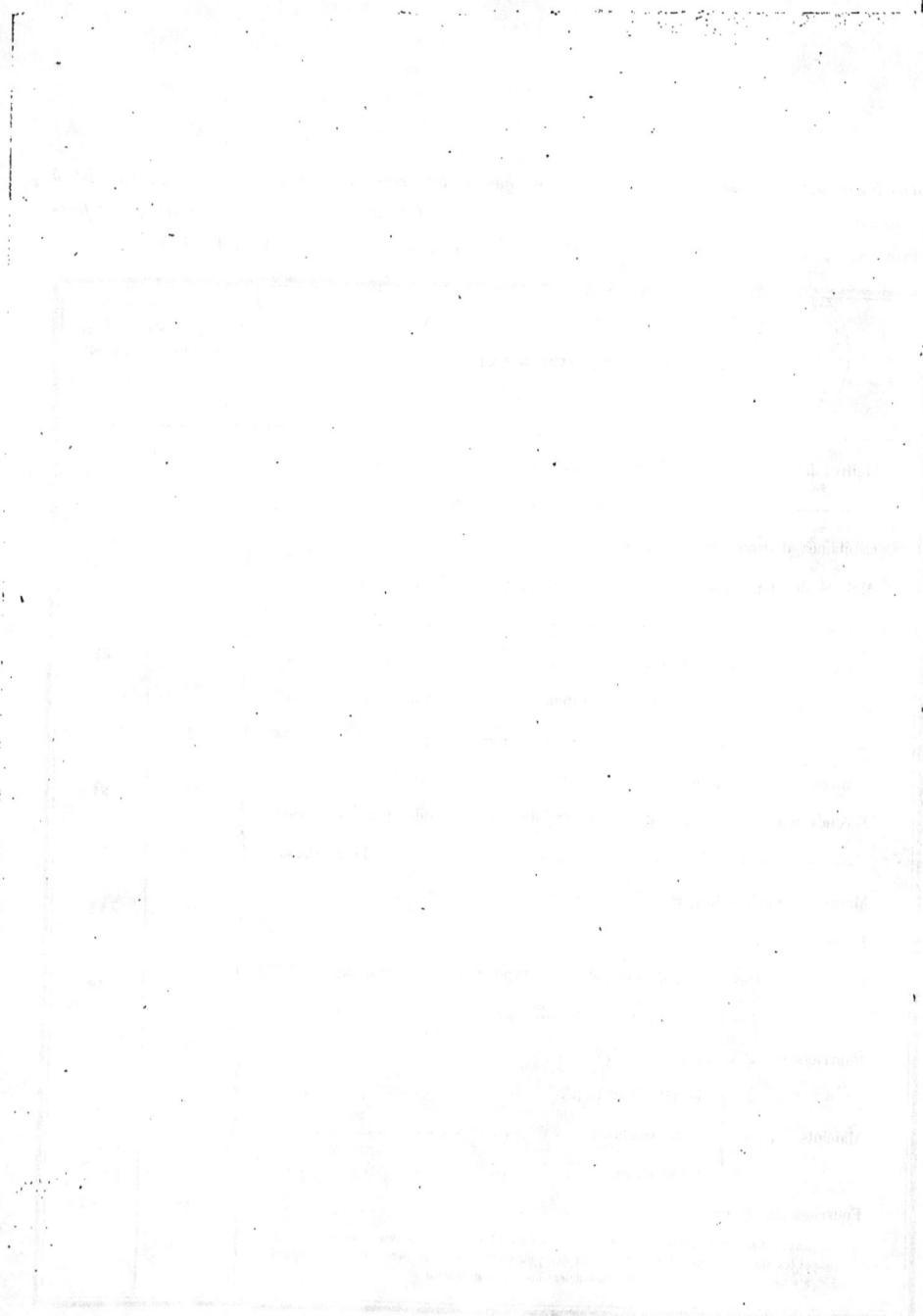

TARIF DES PENSIONS POUR L'ARMÉE DE MER.

GRADES.	PENSIONS DE RETRAITE POUR ANCIENNETÉ DE SERVICE. (art. 9 de la loi.)			PENSIONS DE RÉFORME. Pour cause de blessures ou infirmités graves et incurables. (A. 12, 13, 14, 15, 16 et 17 de la loi)									PENSIONS aux veuves, aux orphelins, etc.	Observations.
	Minimum à 25 ou 30 ans de service effectif suivant le corps.	Accroissement pour chaque année de service effectif au-delà de 25 ou 30 ans	Maximum à 55 ou 60 ans de service	Amputation de deux membres ou perte totale de la vue (A. 12 de la loi)	Amputation d'un membre ou perte plénière de la vue (A. 13 de la loi)	Minimum	Accroissement pour chaque année de service y compris les campagnes.	Maximum à vingt ans de service, campagnes comprises.	Minimum.	Accroissement pour chaque année de service suivant le corps campagnes comprises.	Maximum.	Quart du maximum de la dernière pension suivant le grade.		
1.	2.	3.	4.	5.	6.	7.	8.	9.	10.	11.	12.	13.	14.	
Vice-amiral	4,000	100 00	6,000	6,000	6,000	4,000	100 00	6,000	4,000	100 00	6,000	1,500	
Contre-amiral	3,000	50 00	4,000	4,000	4,000	3,000	50 00	4,000	3,000	50 00	4,000	1,000	
Capitaine de vaisseau	2,500	30 00	3,000	3,000	3,000	2,400	30 00	3,000	2,400	30 00	3,000	750	
Capitaine de frégate	1,800	30 00	2,400	2,400	2,400	1,800	30 00	2,400	1,800	30 00	2,400	600	
Capitaine de corvette	1,500	25 00	2,000	2,000	2,000	1,500	25 00	2,000	1,500	25 00	2,000	500	
Lieutenant de vaisseau	1,200	20 00	1,600	1,600	1,600	1,200	20 00	1,600	1,200	20 00	1,600	400	
Lieutenant de frégate	800	20 00	1,200	1,200	1,200	800	20 00	1,200	800	20 00	1,200	300	
Élève de la marine	600	20 00	1,000	1,000	1,000	600	20 00	1,000	600	20 00	1,000	250	(1, 2, 3.) D'après l'article 35 de la loi du 18 frimaire an 7, la pension, pour le cas de cécité ou d'amputation de deux membres, ne augmente, en cas de maximum d'avancement (colonne 5.)
Maîtres entretenus à 1,500 fr. et au dessus. Conducteurs de travaux de 1re classe.	600	20 00	1,000	1,000	1,000	600	20 00	1,000	600	20 00	1,000	175	Savoir :
Maîtres entretenus au dessous de 1,500 fr. Conducteurs de travaux de 2e et 3e classe.	500	10 00	700	700	700	300	10 50	700	300	10 00	700	100	Pour le sergent et maréchal-des-logis, (et par analogie pour le 2e maître et le contre-maître) de.......... 50 fr.
Second maître et contre-maître.	250	7 50	400	(1) 550	400	250	7 00	400	250	7 50	400	(4) 100	Pour le caporal et le brigadier (et par analogie pour l'aide et le quartier-maître) de 90
Aide et quartier-maître.	220	6 00	310	(2) 340	310	220	6 00	340	220	6 00	340	(4) 100	Pour les soldats (et par analogie pour le matelot, novice et mousse) de.. 66
Matelot, novice et mousse.	200	5 00	300	(3) 365	300	200	5 00	300	200	5 00	300		(4.) Pour les veuves de marine ou autres individus au dessous du grade d'officier, le pension ne peut être moindre de 100 francs.
Commissaire général de la marine et inspecteur de la marine de 1re classe.	3,000	50 00	4,000	4,000	4,000	3,000	50 00	4,000	3,000	50 00	4,000	1,000	(5.) Les trésoriers et leurs receveurs sont passibles des lois et règlemens relatifs aux comptables en deniers, et notamment de la loi du 16 avril 1790.
Trésorier général des invalides de la marine (5).	2,700	35 00	3,400	3,400	3,400	2,700	35 00	3,400	2,700	35 00	3,400	850	
Commissaire principal de la marine et inspecteur de la marine de 2e classe.	2,400	30 00	3,000	3,000	3,000	2,400	30 00	3,000	2,400	30 00	3,000	750	
Commissaire de la marine et inspecteur adjoint.													
Commissaire des subsistances.													
Commissaire rapporteur à Brest, Toulon et Rochefort.													
Sous-commissaire de la marine.													
Sous-inspecteur de la marine.													
Sous-commissaire des subsistances.													
Sous-contrôleur des subsistances.	1,200	20 00	1,600	1,600	1,600	1,200	20 00	1,600	1,200	20 00	1,600	400	
Commissaires rapporteurs à Cherbourg et à Lorient (5).													
Trésorier des invalides de 1re et 2e classe (5).													
Garde-magasin des subsistances.													
Greffiers à Brest, Toulon et Rochefort.													
Commis principal et commis de la marine.													
Commis principal et commis des subsistances.													
Trésorier des invalides de 3e et 4e classe (5).													
Chef de comptabilité de tous les services.													
Garde-magasin des travaux maritimes et des forges et fonderies.													
Conducteur principal des forges et fonderies.	800	20 00	1,200	1,200	1,200	800	20 00	1,200	800	20 00	1,200	300	
Greffier à Cherbourg et à Lorient.													
Commis desintéressés des travaux maritimes.													
Commis aux écritures des travaux maritimes.													
Inspecteur général du génie maritime.	3,000	50 00	4,000	4,000	4,000	3,000	50 00	4,000	3,000	50 00	4,000	1,000	
Directeur des constructions et ingénieur hydrographe en chef.	2,400	20 00	3,000	3,000	3,000	2,400	30 00	3,000	2,400	30 00	3,000	750	
Ingénieur de la marine et ingénieur hydrographe de 1re classe.	1,800	35 00	2,400	2,400	2,400	1,800	30 00	2,400	1,800	30 00	2,400	600	
Ingénieur de la marine et ingénieur hydrographe de 2e classe.													
Sous-ingénieur de la marine de 1re et 2e classe et ingénieur hydrographe de 3e classe.	1,200	25 00	1,600	1,600	1,600	1,200	20 00	1,600	1,200	20 00	1,600	400	
Sous-ingénieur de la marine de 3e classe, sous-ingénieur hydrographe et adjoint du génie maritime.	800	20 00	1,200	1,200	1,200	800	20 00	1,200	800	20 00	1,200	1,000	
Inspecteur général du service de santé.	3,000	50 00	4,000	4,000	4,000	3,000	50 00	4,000	3,000	50 00	4,000	1,000	
Officier de santé en chef.	2,400	60 00	3,600	3,600	3,600	3,400	60 00	3,600	2,100	60 00	3,600	900	
Deuxième officier de santé en chef.	1,800	30 00	2,400	2,400	2,400	1,800	30 00	2,400	1,800	30 00	2,400	600	
Officier de santé de 1re classe.	1,500	25 00	2,000	2,000	2,000	1,500	25 00	2,000	1,500	25 00	2,000	500	
Officier de santé de 2e classe.	800	20 00	1,200	1,200	1,200	800	20 00	1,200	800	20 00	1,200	300	
Officier de santé de 3e classe.	600	20 00	1,000	1,000	1,000	600	20 00	1,000	600	20 00	1,000	250	
Examinateur de la marine.	2,800	40 00	3,600	3,600	3,600	2,800	40 00	3,600	2,800	40 00	3,600	600	
Examinateur des élèves de la marine.	1,800	30 00	2,400	2,400	2,400	1,800	30 00	2,400	1,800	30 00	2,400	600	
Professeur de 1re classe.	1,200	30 00	1,800	1,800	1,800	1,200	30 00	1,800	1,800	30 00	1,800	450	
Professeur de 2e classe.	1,200	30 00	1,800	1,800	1,800	1,200	30 00	1,800	1,200	30 00	1,800	450	
Professeur de 3e classe.	800	20 00	1,200	1,200	1,200	800	20 00	1,200	800	20 00	1,200	300	

www.ingramcontent.com/pod-product-compliance
Lightning Source LLC
Chambersburg PA
CBHW071107210326
41519CB00020B/6200